포퓰리즘

기원과 사례, 그리고 대의민주주의와의 관계

일러두기

옮긴이 주는 원서의 각주와 혼동되지 않도록 * 표시로 처리했다.

이 도서의 국립중앙도서관 출판예정도서목록(CIP)은 서지정보유통지원시스템 홈페이지(http://seoji.nl.go.kr)와 국가자료공동목록시스템(http://www.nl.go.kr/kolisnet)에서 이용하실 수 있습니다.
CIP제어번호: CIP2017023356(양장), CIP2017023357(반양장)

POPULISM

포퓰리즘

기원과 사례,
그리고 대의민주주의와의 관계

폴 태가트 Paul Taggart 지음
백영민 옮김

한울
아카데미

POPULISM
by Paul Taggart

차례

저자 서문 _7

역자 서문 _9

01 들어가며 16

02 포퓰리즘의 다양한 정의 30

제1부 | 포퓰리즘 사례

03 미국의 포퓰리즘: 포퓰리즘과 대중운동 정치 53

04 러시아의 포퓰리즘 사례: 국민 속으로 85

05 라틴아메리카의 포퓰리즘 사례: 리더십의 포퓰리즘 정치 106

06 캐나다의 포퓰리즘 사례: 사회신용당과 종교적 포퓰리즘 119

07 신포퓰리즘 129

제2부 | 포퓰리즘의 특성

08 포퓰리즘, 국민, 그리고 마음속 이상향 157

09 포퓰리즘의 제도적 딜레마 170

10 포퓰리즘과 대의정치 184

11 결론 194

참고문헌 _199

『저자 서문』

이 책은 나의 부모님인 키스 태가트Keith Taggart와 팻 태가트Pat Taggart의 단순한 질문에 답하는 데서 출발했다. 부모님은 내가 저술한 이전 책*의 제목에 등장하는 단어 중 하나**의 뜻을 물어보셨다. 질문 자체는 단순했지만, 이에 대해 답하는 것은 질문만큼 간단하지 않았다. 부모님의 질문에 답하면서 나는 포퓰리즘 연구가 너무도 파편화되어 있다는 것을 깨달았다. 포퓰리즘 연구는 다른 포퓰리즘 사례와 연결되지 않은 채 개별 포퓰리즘 사례에 너무 매몰되어 있었다. 이런 이유로 나는 개별 포퓰리즘 사례를 통합하는 책을 서술하기로 마음먹었다. 진지하게 포퓰리즘을 연구하기 위해서는 많은 노력이 필요하다. 나는 이 얇은 책이 독자가 느낄 이런 부담감을 조금이라도 덜어줄 수 있길 바란다.

나는 서식스대학교, 특히 서식스유럽연구소Sussex European Institute, 정치

---

* 이 책이 나오기 전 1996년 저자인 폴 태가트 교수는 *The New Populism and the New Politics: New Protest Parties in Sweden in a Comparative Perspective*라는 책을 출간한 바 있다. _옮긴이

** 그 단어는 바로 '포퓰리즘'이다. _옮긴이

외교 연구모임International Relations and Politics group, 사회과학대학, 오픈 유니버시티 프레스Open University Press, 바브나 사팟Bhavna Sapat 등의 지속적인 지원에 감사드리고 싶다. 이 책에 단순한 조언, 대화, 비판 이상의 도움을 준 브루스 그레이엄Bruce Graham에게는 큰 빚을 졌다. 그는 8장에 사용된 용어는 물론이거니와 여러 형태로 이 책의 내용 곳곳에 큰 도움을 주었으나, 이 책의 오류에 대한 모든 책임은 오롯이 내게 있다. 포퓰리즘을 주제로 그레이엄과 이야기를 나누면서 그로부터 큰 도움은 물론 지적 즐거움도 얻을 수 있었다.

역자 서문

포퓰리즘은 상대에 대한 경멸을 담고 있는 용어다. 다른 나라도 마찬가지겠지만, 한국의 경우는 특히나 포퓰리즘이라는 용어를 긍정적인 의미로 사용하지 않는다. 역자가 체계적인 조사를 실시한 적은 없지만, 한국에서 포퓰리즘은 대개 '퍼주기식 정치', '무지몽매한 대중에 영합하는 정치', '과도한 복지 정책' 등의 의미를 가지며, 주로 보수적 성향인 언론이 진보적 성향인 정치인의 경제 정책, 사회복지 정책, 고용 정책을 비판할 때 동원되는 용어다(강준만, 2012; 정재철, 2011). 다행스럽게도 이렇게 편향된 방식으로 이해된 포퓰리즘 개념이 조금씩이나마 바로잡히고 있다. 영국의 브렉시트 결정, 필리핀 로드리고 두테르테Rodrigo Duterte 대통령의 당선, 프랑스 대선에서 장 마리 르펜Jean-Marie Le Pen의 결선 투표 진출, 그리고 무엇보다 미국 도널드 트럼프Donald Trump 대통령의 당선으로 국내 언론과 식자층도 포퓰리즘이 좌파 성향의 정치인이나 경제 정책에만 국한되지 않는다는 사실을 점차 깨닫고 있다. 포퓰리즘 현상은 일반 국민에게서 정치권력의 최종 권위를 찾는 모든 국가에서 나타날 수 있으며, 무엇보다 대의민주주의 정치체제에서는 정도의 차이가 있을 뿐 언제나 등장하는 정치적 징후다[이에 대해서는 역자의 최근 논문(백영민, 2016) 참조].

포퓰리즘은 대의민주주의 체제에서 나타나기 쉬운 현상임에도 불구하고 한국에서는 진지한 학문적 대상이 되지 못했다. 여러 이유가 있겠지만, 역자는 아마도 포퓰리즘 현상이 시대와 지역에 따라 매우 다채롭게 나타나기 때문이라고 본다. 실제로 이 책을 다 읽은 독자라면 포퓰리즘 현상이 시대와 지역에 따라 매우 다른 양태로 표출되며 이러한 다양성에도 불구하고 공통된 정치 과정을 보인다는 사실에 수긍하게 될 것이다. 포퓰리즘 현상을 다루는 여러 서적 중 이 책을 택한 이유는 적은 분량에 다양한 시대와 공간을 다루기 때문이었다. 목차만 훑어봐도 알 수 있듯, 이 책은 시대적으로는 19세기부터 20세기까지를, 지역적으로는 미국, 캐나다의 북아메리카(3장과 6장), 브라질과 아르헨티나 같은 라틴아메리카(5장), 러시아(4장), 서유럽(7장)에서 나타났던 포퓰리즘 현상을 소개하고 있다. 이 책의 매력은 다채로운 포퓰리즘 현상을 관통하는 핵심을 간명하게 서술했다는 점이다. 포퓰리즘에 대한 연구가 부족한 상황에서 이 책은 포퓰리즘이 왜 현대 정치에서 중요하게 다루어야 할 학문적 주제이며 세계사적 관점에서 포퓰리즘을 어떻게 이해해야 하는지를 쉽고 포괄적으로 소개하고 있다.

물론 아쉬운 점도 없지는 않다. 역자는 '지역적 한계'와 '시대적 한계' 두 가지를 지적하고자 한다. 첫째, 포퓰리즘 현상을 범유럽문명권 국가에만 한정했다는 점이다. 이 책이 2000년에 출간되었다는 점을 감안하더라도, 일본의 포퓰리즘 현상에 대한 영문 자료 정도는 살펴볼 수 있었을 텐데 이에 대한 소개와 분석이 없다는 점이 매우 아쉽다.* 물론 저자가 영국의 정치학자라는 점에서 이해하지 못하는 바는 아니지만,

독자의 입장에서는 아쉬움을 지우기 어렵다. 최근 필리핀의 두테르테 대통령 당선에서도 잘 드러나듯 대의민주주의 체제를 선택한 아시아권 국가에서도 포퓰리즘 현상은 두드러지고 있다. 동아시아의 포퓰리즘 현상, 특히 한국의 포퓰리즘 현상이 다른 지역의 포퓰리즘과 어떤 측면에서 유사하며 또 어떤 측면에서 독특한지는 독자 스스로 판단해야 할 몫이다. 한국의 포퓰리즘 현상이 지닌 독특한 특징에 대한 흥미로운 분석으로는 강준만(2012)과 박승관(2011)의 논의를 적극 추천한다. 또한 한국 정치인들의 포퓰리즘 수사법에 대해서는 여러모로 부족하지만 역자의 최근 논문(백영민, 2016)을 추천하고 싶다.

둘째, 책의 출간 시점이 2000년이기 때문에 최근의 포퓰리즘 현상에 대한 논의가 없다는 점이다. 따라서 최근의 포퓰리즘 현상을 이해하고자 하는 독자는 이른바 '사회과학적 상상력'을 발휘해야 한다. 최근 포퓰리즘 현상이 주목받는 이유는 다름 아닌 서유럽의 이른바 '선진 민주주의 국가들'에서 전통적 정당이 몰락하고 포퓰리즘, 특히 우파 포퓰리즘 정당이 득세하고 있기 때문이다. 대표적인 사례가 바로 '프랑스 대혁명'을 탄생시킨 프랑스다. 전통적 우파 정당인 공화당과 전통적 좌파

* 전통적으로 일본의 정치 구조는 귀족 집단[메이지유신 이후에는 화족(華族) 출신]이 장악해왔다[현재 일본 총리인 아베 신조(安倍晋三)가 대표적인 사례다]. 그러나 보수적인 일본 정치문화에서는 일본 서민들의 전폭적인 지지를 업고 이른바 '이미지 정치'를 통해 정치 개혁을 시도한 인물들이 종종 등장하기도 했다[대표적인 사례가 나카소네 야스히로(中曽根康弘) 전 총리와 고이즈미 준이치로(小泉純一郎) 전 총리, 그리고 최근 도쿄도의회 선거에서 압승을 거둔 고이케 유리코(小池百合子) 도쿄도지사다]. 또한 일본에서 인기를 끈 『춤추는 대수사선』과 같은 문화 콘텐츠에서는 현장에서의 경험을 통해 경력을 쌓은 주인공이 고시 출신의 엘리트와 대립하는 플롯이 자주 등장한다. '현실에 무지한 엘리트층과 강고한 기존 정치구조에 대한 일반 국민들의 적대감'이라는 포퓰리즘 현상이 일본 정치구조와 문화구조에서 주기적으로 나타나는 것이다.

정당인 사회당은 2017년 선거를 통해 몰락했다고 봐도 무방할 정도로 쇠퇴했다. 민주주의 혁명의 국가, 관용(톨레랑스)의 국가라고 알려진 프랑스에서 무관용과 외래자 배척을 주장하는 국민전선의 르펜이 무려 유권자 가운데 1/3의 지지(33.94%)를 얻었다. 심지어 새로 당선된 에마뉘엘 마크롱Emmanuel Macron조차도 창당한 지 1년도 되지 않은 정당의 대통령 후보였다. 이 책의 7장을 읽으면 현재의 서유럽이 1990년대 후반에 비해 얼마나 포퓰리즘에 경도되고 있는지 전율하지 않을 수 없을 것이다. 이 책을 읽고 최근의 포퓰리즘 현상을 떠올리면 불과 15년 정도 만에 급성장한 포퓰리즘의 위력을 느낄 수 있을 것이다. 최근의 포퓰리즘 현상에 대한 학술 연구에 관심 있는 독자는 역자의 최근 논문(백영민, 2016)과 논문 작성에 사용된 참고문헌 목록을 살펴보길 권한다. 학술적 연구를 접하기 어렵거나 버겁게 느끼는 일반 독자의 경우 최근에 번역된 얀 뮐러Jan Mueller(뮐러, 2016)의 책을 추천한다.

번역을 하다 보면 언제나 느끼지만, 한 언어를 다른 언어로 옮기는 것은 정말 어려운 일이다. 역자는 다음과 같이 번역어를 선택하고 사용했다. 첫째, 'populism'이라는 용어에 대해서는 번역을 시도하지 않았다. 국내 언론이나 학자에 따라 'populism'은 '대중영합주의', '인민주의', '대중주의', '민중주의' 등으로 다양하게 번역되고 있다. 그러나 각각의 용어는 나름의 한계와 정치적 편향성을 드러내고 있기 때문에 도리어 'populism'의 다채로운 의미를 협소하게 만든다는 문제에서 자유롭지 못하다('populism'에 대한 번역어 문제와 관련해서는 강준만(2012)과 백영민(2016) 참조). 이에 'populism'은 '포퓰리즘'이라고 번역했다.

둘째, 'populism'을 '포퓰리즘'이라고 번역하되, 글의 맥락에 따라 '포퓰리즘', '포퓰리즘 현상', '포퓰리즘 운동' 등으로 구분해 번역했다. 어떤 정치 과정을 지칭하는 개념일 경우 '포퓰리즘'이라고 번역했고, 특정한 시대적·공간적 장소에서 벌어진 정치 현상을 의미할 경우 '포퓰리즘 현상'이라고 번역했으며, 특정한 정치적 목표를 지향하는 정치체제 구성원들의 행동을 의미할 경우 '포퓰리즘 운동'이라고 번역했다.

셋째, 'populist' 또는 'populists'를 번역할 때는 맥락에 따라 '포퓰리스트 정치인', '포퓰리즘 지지자', '포퓰리즘 추종자'로 구분해 번역했다. 'populist(s)'가 포퓰리즘 운동의 주도자와 참여자 또는 포퓰리즘 정당의 지도자와 지지자를 모두 의미할 경우 '포퓰리즘 추종자'라고 번역했다. 반면 포퓰리즘 운동의 주도자 또는 포퓰리즘 정당의 지도자를 의미할 경우 '포퓰리스트 정치인'이라고 번역했고, 포퓰리즘 운동의 참여자 또는 포퓰리즘 정당의 지지자를 의미할 경우 '포퓰리즘 지지자'라고 번역했다.

넷째, 'people'의 경우 '국민'으로 일관되게 번역했다. 국내 학자들은 'people'을 흔히 '인민'으로 번역하는데(예를 들어 김만권은 마거릿 캐노번 Margaret Canovan의 명저 *The People*을 『인민』이라고 번역했다), 역자는 '인민'이라는 말이 한국 정치 담론에서 잘 쓰이지 않기 때문에 사용하지 않았다. 대부분의 한국 정치인은 "국민 여러분"이라는 말로 유권자들을 호명하며, 대한민국 헌법에서도 "대한민국의 모든 권력은 국민으로부터 나온다"와 같이 국민이라는 용어를 사용한다. 제도적 효력, 무엇보다 정치 커뮤니케이션 과정에서의 현실적 효력이라는 점에서 'people'은 '국민'으로 번역하고 이해하는 것이 더 타당하다고 생각한다.

끝으로 'popular'라는 형용사의 경우 맥락에 따라 '대중의' 또는 '대중적', '국민의', '인기 있는' 등으로 구분해 번역했다. 포퓰리즘 현상 또는 포퓰리즘 운동에서 엘리트에 대항하는 피지배 계층의 특징이 두드러진다고 판단될 경우 '대중의' 또는 '대중적'이라고 번역했고, 국민주권과 같이 통상적으로 받아들여지는 개념과 관련된 경우 '국민의'라고 번역했으며, 포퓰리스트 정치인의 인기를 묘사한 경우 '인기 있는'이라고 번역했다.

연세대학교 정치외교학과의 조화순 교수께서는 이 책의 출간에 적극 협력했다. 이 책의 참고문헌을 정리하는 작업에는 연세대학교 커뮤니케이션 대학원에서 석사과정에 재학 중인 김선희 씨와 이서희 씨로부터 큰 도움을 받았다. 또한 4장 '러시아의 포퓰리즘 사례'와 관련된 러시아의 역사와 문화를 이해하는 데에는 연세대학교 지역학 협동과정 석사인 강현희 씨의 도움이 컸다. 도움을 주신 분들에게 진심으로 감사드린다. 그러나 무엇보다 한울엠플러스에 큰 감사를 표하고 싶다. 여러 출판사에 이 번역서의 출간 의향을 타진했지만, 많은 출판사가 '포퓰리즘'이라는 주제에는 흥미를 보이면서도 이 책이 사회과학 고전도 아니고 2000년에 출간되어 신간도 아닌 어정쩡한 책이라는 점에서 출간을 꺼려했다. 초벌 작업 이후 거의 1년이 가깝도록 사장될 운명에 처했던 번역 초고의 출간을 기꺼이 결정해준 출판사와 부자연스러운 번역투 문장을 가다듬는 데 큰 도움을 준 신순남 선생님에게 진심으로 감사드린다.

국내 학자와 일반 독자가 이 책을 통해 포퓰리즘 현상을 더욱 합리적이고 체계적으로 이해할 수 있다면 역자로서 이보다 더 기쁜 일은 없을 것이다.

2017년 8월

백영민

참고한 자료

강준만. 2012. 「한국 '포퓰리즘 소통'의 구조: '정치 엘리트 혐오'의 문화정치학」. ≪스피치와 커뮤니케이션≫, 17호, 7~37쪽.

뮐러, 얀 베르너(Jan Werner Mueller). 2016. 『누가 포퓰리스트인가?』. 노시내 옮김. 마티.

박승관. 2011. 「한국사회와 소통의 위기: 소통의 역설과 공동체의 위기」. 한국언론학회 엮음. 『한국사회의 소통위기』. 커뮤니케이션북스, 121~169쪽.

백영민. 2016. 「커뮤니케이션 관점으로 본 포퓰리즘의 등장과 대의민주주의 위기」. ≪커뮤니케이션 이론≫, 12권 4호, 5~56쪽.

정재철. 2011. 「한국 신문과 복지 포퓰리즘 담론: 동아일보와 한겨레신문을 중심으로」. ≪언론과학연구≫, 11권 1호, 372~399쪽.

캐노번, 마거릿(Margaret Canovan). 2015. 『인민』. 김만권 옮김. 그린비.

01

들어가며

포퓰리즘은 독특한 개념이다. 어떤 개념이든 오랜 기간 연구하면 그 개념의 독특한 점을 깨닫기 마련이지만, 포퓰리즘은 첫 인상부터 독특하다는 점에서 다른 개념들과 구분된다. 포퓰리즘은 이데올로기로서의 여러 속성을 보유하고 있지만, 이데올로기라고 할 수 없다. 포퓰리즘은 어떤 시기에는 전 세계적으로 크게 유행하지만, 어떤 시기에는 잠잠하다. 포퓰리즘의 본질은 모호함이며, 개념적 불확실성이 심각한 수준이다. 사람에 따라 포퓰리즘에서 엄청난 의미를 발견하기도 하지만, 포퓰리즘에 아무런 본질적 의미가 없다는 평가를 내리기도 한다. 어떤 엘리트는 포퓰리즘을 매혹의 대상으로 바라보지만, 다른 엘리트는 경멸할 만하고 위험한 정치 현상으로 본다. 포퓰리즘이 정치적 효과를 발휘하기 위해서는 어떤 경우는 뛰어난 지도자가 필요하고 어떤 경우는 대중의 위대함이 필요하다. 포퓰리즘을 성공시키는 지도자는 일반 대중에게 지도력을 발휘하는 비범한 개인이다. 포퓰리즘이 혁명적 성격을 띠기 위해서는 위기의 순간에 대중의 광범위한 지지를 이끌어내야 한다. 그러나 실제로 대부분의 포퓰리즘 운동은 개혁적 성격을 띨 뿐 근본적인 환골탈태로 이어지지 못한다. 상황에 따라 몇몇 포퓰리즘 운동은 엄청난 위력을 행사하며 정치를 근본적으로 변혁할 것처럼 보이기도 하지만, 대부분의 포퓰리즘 운동은 일회적으로 끝난다. 시간이 지나면 포퓰리즘 현상은 사라진다. 그러나 포퓰리즘 운동의 효과가 아주 없는 것은 아니다. 포퓰리즘 현상이 절정에 이르면 포퓰리즘 운동을 통해 정치의 내용과 성격이 바뀐다. 대의민주주의 체제를 택하는 어느 사회에서나 포퓰리즘은 잠재적인 정치운동으로 또는 정치운동을 촉발시킬 사상들의 집합으로 언제나 존재한다.

학자들과 정치 과정 참여자들이 포퓰리즘이라고 묘사하는 현상들은 정당을 형성하고 프로그램과 정책을 개발하며 상대적으로 안정적이고 규격화된 정치적인 행동을 정착시키는 정치운동과는 다르다. 포퓰리즘 운동은 느슨한 신념의 체계를 갖고 있다. 따라서 포퓰리즘 운동은 본질적으로 통제되거나 조직되기 어렵고, 일관성을 띠지도 않으며, 종잡을 수 없는 형태로 등장했다가 사라지는 특성을 갖는다. 포퓰리즘은 난해하고 모호한 개념이라서 포퓰리즘을 구체적으로 정의할 수 있는 일련의 특징을 찾는 것은 쉽지 않다. 포퓰리즘의 근본적 특징은 유동성이다. 바로 이런 이유 때문에 정치 상황 또는 정치운동으로서의 포퓰리즘에 대해 보편적이고 포괄적으로 정의를 내리는 것은 고사하고 포퓰리즘 현상을 포괄적으로 기술하는 것조차 매우 어렵다.

이사야 벌린Isaiah Berlin은 '신데렐라 콤플렉스'라는 용어를 빌려 포퓰리즘을 설명한다. 즉, 학자들은 포퓰리즘이라는 '신발'에 딱 맞는 사례를 찾으려 하지만, 순수한 포퓰리즘에 어느 정도는 근접하더라도 정확하게 부합되는 사례를 찾기는 어렵다는 것이다(Allcock 1971: 385 인용). 이렇게 말하는 벌린의 의도는 명확하다. 포퓰리즘에 딱 맞는 사례를 찾는다는 것은 환상인 동시에 이루어질 수 없는 일이며, 따라서 그러한 학자들의 노력은 성공하지 못하리라는 것이다.

에르네스토 라클라우Ernesto Laclau도 포퓰리즘을 자세히 공부하면 공부할수록 그 개념이 허망할 수 있다고 경고한다. 라클라우에 따르면 포퓰리즘이라고 불리는 현상이 있다는 가정에 근거해 진행되는 연구는 다음과 같은 방식으로 진행된다. 먼저 연구자는 포퓰리즘의 정의를 제시하고, 그다음 포퓰리즘에 해당하는 사례를 살펴본 후, 앞서 제시한 포퓰리즘에 대한 정의를 다시금 가다듬는 반복 과정을 통해 포퓰리즘 연구 사례를 이해한다. 그러나 포퓰리즘에 대한 일반적 정의를 추구하려면 구체적인 포퓰리즘 운동 사례들을 비교할 수밖에 없다. 이 과정에서 구체적인 포퓰리즘 운동 사이의 본질적인 차이를 발견할 수밖에 없다. 따라서 일반적으로 받아들여질 수 있는 포퓰리즘에 대한 정의를 찾는 작업을 포기할 수밖에 없다는 것이 라클라우의 주장이다(Laclau 1977: 145). 이러한 순환 과정은 분명 바람직하지 않지만 이 순환 과정을 어떻게 피해야 할지 나 역시 뚜렷한 확신이 없다.

나는 포퓰리즘을 관통하는 다음 여섯 가지 핵심 주제를 살펴보는 방식으로 벌린이나 라클라우가 지적하는 문제점을 해결하고자 한다.

- 포퓰리스트는 대의민주주의 정치에 적대적이다.
- 포퓰리스트는 공동체 내부에서 이상화된 관념으로 받아들여지는 마음속 이상향heartland을 불러들인다.

- 포퓰리즘은 핵심적 가치가 존재하지 않는 이데올로기다.
- 포퓰리즘은 극단적 위기 상황에 강력하게 대응하는 모습으로 나타난다.
- 포퓰리즘은 자기제약적self-limiting 속성이라는 근본적인 딜레마에 빠져 있다.
- 포퓰리즘은 환경에 따라 색을 바꾸는 카멜레온 같다.

이 여섯 가지 주제는 독립적으로 나타나며 동시에 여러 가지 방식으로 상호작용한다. 따라서 포퓰리즘의 연구 맥락은 중요하며, 연구 결과의 일반화에 매몰되지 말아야 한다. 물론 사회과학에서 연구 결과의 일반화는 중요한 작업이다. 베버(Weber 1968: 19~22)가 말하는 이념형ideal type이라는 점에서, 소개한 여섯 가지 주제는 포퓰리즘의 이념형을 구성하는 요소다. 물론 이 이념형이 특정 포퓰리즘 사례에 완벽하게 적용될 수는 없지만, 포퓰리즘 현상에 내재한 보편성을 저버리지 않으면서 각 현상의 특수성을 이해하는 데 도움이 된다. 따라서 이 여섯 가지 주제는 특수한 포퓰리즘 사례를 이해하는 데 도움을 준다는 점, 그리고 포퓰리즘의 전체 형태를 이해할 수 있도록 도움을 준다는 점에서 유용하다.

포퓰리즘은 여러 사상을 하나로 묶어놓은 것이기에 정치, 특히 대의정치에 대해 본질적으로 양가감정兩價感情, ambivalence*을 드러낸다. 포퓰리즘 지지자에게 정치는 어지럽고 타락한 것이다. 따라서 이들은 한계 상황에 몰렸을 때에만 정치에 참여한다. 즉, 포퓰리즘 지지자는 습관화된

* 어떤 대상에 대해 긍정적인 감정과 부정적인 감정이 동시에 발현되는 감정 상태를 의미한다. '애증의 관계'는 어떤 대상에 대한 인간의 양가감정을 잘 보여주는 표현이다. _옮긴이

정치 참여*에 부정적이다. 포퓰리즘 지지자들은 마지못해 정치적인 모습**을 보인다. 포퓰리즘 지지자는 현 시대가 위기 상황이라고 인식할 때라야 비로소 정치적인 행태를 보인다. 이 같은 포퓰리즘 지지자의 정치적 태도로 인해 정치적 의사표현 방식에서도 양가감정이 드러난다. 포퓰리즘 지지자는 대의정치의 복잡성을 혐오하면서 정치 과정에서 소박함simplicity과 직접성directness이라는 가치를 옹호한다. 포퓰리즘 지지자의 관점에서는 정당과 의회 같은 대의정치 기구가 혼란스럽고 불필요할 정도로 복잡하게 비추어지는 경우가 대부분이다. 포퓰리즘 지지자는 대의정치에 적대적이지만, 정치적 힘을 행사할 수 있는 체계적인 표현과 정치 동원을 위해서는 대의정치체제를 빌릴 수밖에 없다. 이것이 포퓰리즘이 직면한 본질적인 딜레마다.

포퓰리즘은 대의정치에 부정적인 결과를 초래하기도 하지만, 때로는 긍정적인 영향을 미치기도 한다. 포퓰리즘 지지자는 포퓰리즘에서 언급되는 국민을 이상적으로 묘사하며, 마찬가지로 국민의 거주 공간을 이상화하려는 경향이 있다. 이를 통해 포퓰리즘은 국민과 타락하고 근본 없는 타자를 구분하고, 순수한 것과 불순한 것을 나누며, 이 책에서 내가 '마음속 이상향'이라고 부른 장소와 외부 장소를 구별한다. 마음속 이상향이라는 개념은 포퓰리즘에서 중요한 개념이다. 즉, 포퓰리

* 시민적 의무감으로 정치에 참여하는 것을 의미한다. 예를 들어 선거에서 마음에 드는 후보가 없지만 차악의 후보라도 뽑기 위해 반드시 투표에 참여하려는 시민은 습관화된 정치 참여자라고 할 수 있다. _옮긴이

** 현재의 정치를 참을 수 없어 정치에 개입하는 행태를 의미한다. 경제가 어렵거나 사회의 부정부패가 심해지면 기성 엘리트에 대한 경고나 징벌의 목적으로 투표에 참여하는 시민의 수가 늘어난다. 바로 이것이 마지못해 정치적이 된 포퓰리즘 운동 참여자의 모습이다. _옮긴이

즘이란 마음속에 구축된 공간을 배경으로 구성된 일종의 관념notion이다. 포퓰리즘은 마음속에 구축되어 있으며 과거 회상을 통해 구성된 관념이다. 일반적으로 포퓰리즘에서 언급하는 (이상화되었지만) 이미 과거가 되어버린 마음속 이상향에는 이 관념을 공유하는 사람들의 집단적 심상이 반영되어 있다. 포퓰리스트 정치인은 '국민'에게 마음속 이상향을 유행시키며, 구성된 그리고 호출된 국민에게 의미를 부여한다. 이 때문에 몇몇 학자는 '국민'에 대한 강조가 포퓰리즘 정의의 핵심 요소라고 주장한다. 그러나 이 주장에는 문제가 있다. 왜냐하면 '국민'은 포퓰리스트 정치인에 따라 본질적으로 다른 의미로 사용되기 때문이다 (Canovan 1984). 포퓰리즘 추종자가 '국민'을 강조하는 이유는 국민이 마음속 이상향에서 도출되기 때문이다. 이 사실을 인식하는 것은 매우 중요하다.

포퓰리즘은 진보주의자, 반동주의자, 민주주의자, 전제주의자, 좌익, 우익의 도구였다. 포퓰리즘을 현실에 적용할 수 있는 이유는 포퓰리즘이 '공허한 개념'이라는 점, 즉 포퓰리즘에서 핵심 가치를 찾을 수 없다는 점에서 찾을 수 있다. 다른 정치 이데올로기의 경우 명시적이든 함축적이든 평등, 자유, 사회정의와 같은 하나 또는 여러 개의 가치를 내세우는 반면, 포퓰리즘에서는 그러한 핵심 가치를 찾을 수 없다. 바로 이 이유 때문에 포퓰리즘은 다종다양한 정치적 입장에 의해 채택되고 있다. 또한 바로 이 이유 때문에 포퓰리즘은 다른 이데올로기와 함께 공존할 수 있다. 따라서 포퓰리즘은 자신의 공허한 개념을 채워줄 수 있는 다른 이데올로기와 더불어 등장한다. 물론 자유주의, 보수주의, 페미니즘, 사회주의 등과 같은 근대의 '거대' 이데올로기도 자기들끼리의 접합 과정을 통해 사회주의적 자유주의, 급진주의적 페미니즘과 같은 모습을 띠었다. 그러나 포퓰리즘은 그 자체로 존재하는 경우보다 다른 이데올로기에 덧붙어 존재하는 경우가 훨씬 더 빈번하다.

포퓰리즘 추종자는 사회적 위기감이 고조되자 마음속 이상향을 적극적으로 방어하기 위해 마지못해 정치에 참여한 사람이다. 문제는 이러한 사회적 위기가 문자 그대로 정치적·경제적 위기(즉, 말 그대로 더 이상 사회가 유지되기 어려운 상황)일 수도 있지만 포퓰리즘 추종자의 상상 속에서 도출된 것일 수도 있다는 점이다. 나는 포퓰리즘 추종자가 말하는 위기가 실제 위기인지 아니면 상상 속의 위기인지에 대한 판단을 내릴 생각은 없다. 왜냐하면 최소한 어떤 사회집단이 거시적인 체제 변화 속에서 위기감을 인식할 때 포퓰리즘이 현실화되는 것을 확인할 수 있기 때문이다.

정치에 대한 포퓰리즘의 양가감정은 왜 포퓰리즘 현상이 종종 일회적 현상으로 끝나는지를 잘 설명해준다. 포퓰리즘은 대의정치제도, 형식, 규칙을 거부한다. 포퓰리즘은 평범한 국민의 소박함과 평범함을 간단하고 직접적인 참여가 가능한 구조로 정착시키려는 의도에서 비롯되었다. 그러나 지도자에게 의존하고 정당을 간과하는 포퓰리즘 운동의 정치 형태는 결국 문제를 발생시키며, 바로 이 때문에 포퓰리즘은 어쩔 수 없이 일회적인 현상에 머무른다. 제도에 대한 포퓰리즘의 적대감으로 인해 포퓰리즘 운동은 제도적 힘을 발휘하기 어렵다.

포퓰리즘은 본질적으로 카멜레온과 같은 특성을 갖고 있으며, 포퓰리즘이 태동하는 환경에 따라 여러 형태를 띠는 것이 보통이다. 이는 포퓰리즘이 무엇을 위장한다는 의미가 아니다. 왜냐하면 포퓰리즘은 언제나 자신에게 적합한 환경의 특성에 따라 구성될 뿐이기 때문이다. 즉, 포퓰리즘은 일차 특성과 파생 특성을 갖고 있다. 포퓰리즘의 파생 특성은 포퓰리즘이 탄생한 환경에서 도출된 것으로, 이는 포퓰리즘이 가진 일차 특성의 한 측면을 이룬다. 다른 모든 이데올로기와 마찬가지로 포퓰리즘은 마음속 이상향과 공명해야 힘을 얻을 수 있기 때문에 본질적으로 주변 환경에 산재된 서사, 신화, 상징 등으로 구성된다.

포퓰리즘의 핵심 주제들과 관련해서 보자면, 포퓰리즘은 대의정치의 사상, 제도, 실천 등을 비판하고 사회적 위기에 대한 대응책으로 잠재적 또는 명시적으로 마음속 이상향을 추구하려는 반동적 정치라고 파악할 수 있다. 포퓰리즘은 보편적인 핵심 가치가 부재하고, 환경에 따라 카멜레온과 같이 변하며, 일회적인 모습으로 존재한다. 포퓰리스트는 사회적 위기에 직면해 일회적·반정치적 국민이라는 공허한 개념에 매달리며, 카멜레온처럼 현상에 따라 그 모습을 달리하면서 마음속 이상향을 추구하려 한다.

포퓰리즘은 시기와 장소에 따라 다른 형태를 띨 뿐만 아니라 등장하는 과정도 제각각이다. '포퓰리스트'는 정치운동, 정치지도자, 정치체제, 정치적 사항, 정치 스타일 등을 묘사하는 경멸적인 단어로 사용되곤 한다. 포퓰리즘이라는 용어가 널리 사용된 것이 상대에 대한 경멸을 담고 있기 때문만은 아니지만, 이것이 결정적인 이유이긴 하다. 그러나 '포퓰리스트' 방식의 정치라는 말은 포퓰리즘 정치가 무엇인지를 제대로 설명하지 못한다. 만약 일반 국민들이 포퓰리즘의 사상에 진심으로 빠져들었기 때문에 포퓰리즘을 추종하는 모습을 보이고 있다면, 우리는 포퓰리즘이 어떤 사상ideas을 담고 있는지에 집중해야 한다(예를 들어 Richards 1981). 많은 학자들이 포퓰리즘을 대중의 인기를(즉, 보다 많은 국민의 지지를) 얻기 위한 정치 스타일이라고 파악한다. 그러나 포퓰리즘이라는 말을 이러한 방식으로 파악하는 것은 불완전할 뿐만 아니라 부정확하다.

포퓰리즘과 관련된 운동, 정당, 정치인, 체제, 사상이 무엇인지를 설명하는 것이 이 책의 목적이며, 이런 것에 집중할 때 포퓰리즘 정치를 제대로 이해할 수 있다.[1] 문화적으로 포퓰리즘은 일반 국민의 덕성을 찬양하며, 여러 사회에서는 일반 국민의 삶의 방식, 공동체 등을 이상화하는 형태로 포퓰리즘의 흔적을 찾아볼 수 있다. 그러나 이 책에서는 일단 포퓰리즘이 정치적 현실로 대두되고 포퓰리즘 운동에 사람들이 동원된 경우에만 집중하고자 한다. 즉, 포퓰리즘 운동과 정당들(풀뿌리 방식이든 아니면 지도자를 중심으로 한 하향식 방식이든)은 다른 모든 포퓰리즘 현상의 기저를 이루고 있다. 이 책에서는 포퓰리즘 운동일 경우나 정당의 형태를 띤 경우에만 포퓰리즘을 정치적 사상이라고 간주할 것이다. 이 책에서는 정치지도자, 나아가 정치지도자를 합리화시키는 정당과 정치운동을 통해 정치체제가 형성된다고 간주했다.

포퓰리즘이 단순한 정치운동, 정치지도자, 정치체제, 정치사상이 아니라고 파악할 때 비로소 포퓰리즘이 무엇인지 연구할 수 있다. 포퓰리즘은 보통 이들을 포괄하지만, 동시에 이들을 단순히 합쳐놓은 것도 아니다. 19세기 후반 미국의 포퓰리즘 운동은 여러 가지가 복잡하게 얽힌 포퓰리즘 사상에 기반을 둔 진정한 국민운동의 형태를 띠었다. 그러나

1 문화 연구자 및 커뮤니케이션 연구자는 '포퓰리즘'이라는 용어를 매우 자주 사용한다. 문화 연구자에게 포퓰리즘은 주요 개념 중 하나다. 이런 점에서 이들 연구자가 사용하는 포퓰리즘이라는 용어는 상당히 협소하며 이 책에서 사용하는 정치적 의미의 포퓰리즘과는 공통점이 별로 많지 않다. 이들 연구자가 설명하는 문화적 포퓰리즘은 엘리트들이 소비하는 '고급' 문화보다는 일반 국민이 소비하는 문화를 더욱 중요하게 생각해야 한다는 입장을 강조한다(McGuigan 1992: 1~5).

동시에 이러한 국민운동은 정부 수립으로 이어지지 않았고, 결국 정치체제를 구성하는 데도 실패했으며, 특정 정치지도자를 중심으로 국한되지도 않았다. 반면, 라틴아메리카의 포퓰리즘 운동은 정반대의 모습을 보여주고 있다. 라틴아메리카의 포퓰리즘은 일련의 포퓰리즘 사상이나 포퓰리즘 운동을 기반으로 했다기보다는 뛰어난 지도력을 보인 특정 정치지도자(예를 들면 아르헨티나의 후안 페론)가 주도했다. 19세기 후반 러시아에서 일어난 포퓰리즘 운동인 나로드니키narodniki 운동은 교육받은 인텔리 계층의 리더십 및 국민운동을 일으킬 수 있다는 희망을 기반으로 전개되었지만, 결국 권력 쟁취에 실패했다. 미국 정치의 경우 정치지도자들(이를테면 루이지애나주의 휴이 롱Huey Long 또는 앨라배마주의 조지 월러스George Wallace)이 포퓰리즘 사상을 드러냈으나 포퓰리즘 운동을 기반으로 정치적 성공을 거두지는 않았다. 롱과 월러스의 사례는 이 포퓰리스트 정치인들이 수립한 체제가 무엇이며, 이들이 추진했던 포퓰리즘 정책이 무엇인지 보여준다. 이처럼 다양한 포퓰리즘 사례를 통해 우리는 포퓰리즘이 다양한 형태와 양상을 띠고 있다는 점을 잘 알 수 있다. 그러나 역사 속에 나타난 포퓰리즘 사례 연구들 역시 별 도움이 되지 못한다. 만약 특정 사례에서 나타난 정치를 설명하기 위해 포퓰리즘이라는 용어를 사용하려 한다면, 해당 사례에 맞게 포퓰리즘이라는 개념을 괴상하게 뒤틀어 제시하는 방법으로 끝을 맺을 수밖에 없다. 전문적이고 구체적인 지식을 형성하기 위해서는 포퓰리즘이라는 개념이 특정 사례에 맞게끔 수용되고 다소간 변형되며 모습이 바뀔 수밖에 없다. 따라서 이러한 연구에서 사용되는 포퓰리즘이라는 개념은 구체적인 맥락을 반영할 뿐, 포퓰리즘의 보편적인 개념을 알려주지는 못한다. 다른 맥락의 정치를 본질적으로 설명하기 위해서는 포퓰리즘이라는 개념이 새로운 형태를 띠어야만 한다. 그러나 다른 맥락의 정치를 다른 형태와 다른 방식으로 설명하려 한다면 서로 다른 정치적 맥락에서 등장한 포퓰리즘의 유사성은 점점 감소하게 될 것이다.

개별 포퓰리즘 사례는 포퓰리즘의 주요 특징 가운데 하나를 매우 강하게 드러낸다. 러시아의 포퓰리즘 사례에서는 농노와 농민의 삶을 낭만적으로 파악하는 포퓰리즘의 주요한 특성이 쉽게 확인된다. 그러나 농노를 낭만적으로만 묘사했던 19세기 러시아 포퓰리즘과 달리 미국의 포퓰리즘 운동을 주도한 농민들은 급진주의적 특성을 보였다. 남쪽으로 눈을 돌려 라틴아메리카의 포퓰리즘을 살펴보면 농민이 아닌 도시의 노동자가 포퓰리즘 운동을 주도했다는 특성이 두드러진다. 캐나다의 포퓰리즘은 농민과 농업노동자에게서 비롯되었다. 유럽으로 옮겨와보자. 새로운 모습의 유럽 극우주의적 포퓰리즘에서는 본질적으로 배타적 태도를 지닌 도심 거주자가 두드러진다.

우리가 포퓰리즘에 대해 더욱 포괄적인 접근 방식을 취하고 포퓰리즘이라는 개념이 적용되는 연구 대상의 범위를 넓힌다면 또 다른 불편한 사실을 접할 수밖에 없다. 그것은 바로 언급한 사례들 중 어느 하나도 포퓰리즘 현상의 모든 면을 다 설명하지는 못한다는 것이다. 몇몇 사례는 상당히 유사할 수도 있으나 모든 면이 다 들어맞는 사례는 존재하지 않는다(아마도 19세기 미국의 포퓰리즘 운동이 포퓰리즘 개념에 가장 근접할 것이다). 경험적 현상으로서의 포퓰리즘은 역사적·현실적 사례 모두를 포괄하지는 못한다. 바로 이러한 이유 때문에 어떤 학자들은 포퓰리즘에 대한 본질주의적 접근은 포기해야 하며 여러 유형으로 포퓰리즘을 구분하는 데 만족해야 한다고 주장한다[이런 주장의 대표적인 사례로는 Canovan(1981, 1982)을 보라]. 이 책 후반부에서 나는 특정한 포퓰리즘 운동, 정당, 사상, 체제들을 살펴봄으로써 포퓰리즘의 이념형을 탐색하는 방식이 왜 가치 있는지를 설명할 것이다.

이 책의 1부에서는 여러 포퓰리즘 사례에서 포퓰리즘이 어떻게 드러났는가를 밝힘으로써 포퓰리즘의 역사를 개괄할 것이다. 1부의 목적은 책의 나머지 부분에서 제시하는 개념적 설명의 토대가 되는 경험적 자료를 제공하는 것이다. 포퓰리즘 사례를 선정하는 것은 쉽지 않았다. 이 책에 포함되지는 않았지만, 포퓰리즘 성격을 지닌 수많은 다른 사례가 존재한다. 그러나 이 책에서 나는 포퓰리즘의 주요 사례에 집중했다. 1부에 속하는 다섯 개의 장은 다양한 포퓰리즘 사례를 대표하며, 각 사례를 개략적으로나마 이해하지 못한다면 포퓰리즘을 완전하게 이해할 수 없을 것이라 생각해 소개했다. 1부를 통해서는 포퓰리즘의 요소를 추출했다.

2부에서는 포퓰리즘에 대한 기존의 여러 정의를 소개하고, 개념으로서의 포퓰리즘에 대한 세 가지 접근법을 서술했다. 가장 먼저, 맥락적 정의contextual definition는 포퓰리즘에 대한 단일 특정 사례에 한정된다. 둘째, 다면적 정의variegated definition는 포퓰리즘에 대한 보편적인 정의를 거부하고 여러 가지 포퓰리즘 유형을 탐구할 것을 제안한다. 셋째, 포퓰리즘에 대한 보편적universal 이해 방식을 구성하는 작업이 필요하다고 제안했다.

만약 독자가 이 책에 소개된 여러 포퓰리즘 사례 전반을 아우르려 한다면 아마 원하는 바를 이룰 수 없을 것이다.[2] 그러나 각 사례에 내재한

2 이를 포괄적으로 정리한 연구 가운데 캐노번(Canovan 1981)을 능가하는 연구를 찾기는 어렵다.

독특한 점을 찾는 데 만족하는 독자라면 원하는 바를 이룰 수 있을 것이다. 이 책에서 나는 북아메리카, 러시아, 라틴아메리카, 서유럽의 사례를 주요 포퓰리즘 사례로 소개했다. 이들 사례를 선택한 데에는 몇 가지 이유가 있다. 첫째, 이들은 교과서적인 포퓰리즘 사례다. 다시 말해 포퓰리즘에 대해 설명할 때 가장 흔하게 언급되는 사례가 바로 이들이다. 둘째, 이들 사례는 각 포퓰리즘의 주요 특징을 잘 드러내며 이들을 종합하면 최소한 포퓰리즘이 무엇인지를 이해할 수 있다. 북아메리카의 사례는 대중운동에 기반을 둔 포퓰리즘을 잘 보여준다. 러시아의 포퓰리즘 사례는 농민 공동체가 마음속 이상향으로서 어떻게 낭만화되는지를 잘 보여준다. 라틴아메리카의 포퓰리즘 사례는 포퓰리스트 정치 지도력의 중요성과 포퓰리즘 체제의 문제점을 잘 보여준다. 끝으로 서유럽의 사례는 반체제적 성격의 포퓰리즘을 잘 보여준다.

이들 포퓰리즘 사례를 선정한 또 다른 이유는 수많은 사람들이 스스로를 포퓰리즘 추종자라고 부르거나 또는 다른 사람이 자신을 포퓰리즘 추종자라고 지칭하는 것을 꺼리는 현실 때문이다. 포퓰리즘은 엘리트와 지식인에 대해 뿌리 깊은 적대감을 갖고 있다. 따라서 자신이 포퓰리즘 추종자라고 불린다는 사실을 받아들이면 자신이 엘리트와 지식인 집단을 적대시한다는 의미임을 최소한 본능적으로라도 깨닫기 마련이다. 포퓰리즘 추종자임을 자임하기 위해서는 포퓰리즘을 부정적 대상으로 간주하지 않는 것이 필수적이다.

포퓰리즘을 이해하려면 포퓰리즘과 관련된 여러 역사적 사례에 대한 지식이 필수적이다. 역사적 사례를 연구하지 않으면 포퓰리즘 정의에 대한 합의가 왜 존재하지 않는지 이해하기는 어렵다. 포퓰리즘 현상이 언제나 존재하지 않고 일시적으로 나타났다가 소멸한다는 사실은 몇몇 중요한 포퓰리즘 사례를 살펴보는 것으로 충분히 알 수 있다. 포퓰리즘에 대한 연구는 실용적이라기보다 이론적인 목적을 갖는다. 포퓰리즘이 카멜레온적 성격을 갖는다는 것은 포퓰리즘이 발생하는 맥락이 무엇인지를 잘 드러내며, 동시에 더 넓은 맥락에서 포퓰리즘을 이해하기 위해서는 포퓰리즘이 발생하는 환경이 무엇이며 포퓰리즘의 핵심적 특징이 무엇인가를 인식할 필요가 있다는 점을 보여준다.

개념으로서의 그리고 연구대상으로서의 포퓰리즘은 포퓰리즘의 역사 그 자체를 보여주고 있다. 포퓰리즘은 보통 포퓰리즘 현상이 발생하는 순간에 일시적으로 연구된다. 포퓰리즘 연구가 유행을 따른다는 데에는 의심의 여지가 없지만, 흥미롭게도 현재 벌어지는 포퓰리즘 현상이 우리가 알고 있는 모습의 포퓰리즘을 정확히 반영하지는 않는다. 또한 포퓰리즘을 둘러싼 학술 토론은 매우 파편화된 형태로 진행되어왔다. 이러한 파편들을 하나로 묶는 과정은 어쩔 수 없이 재미없는 일이다. 각각의 파편은 개별적이고 독립된 환경에 맞게 만들어진 것이기 때문이다. 우리가 대의정치와 정치적 이데올로기를 이해하기 위해서는 파편화된 형태의 포퓰리즘 논의들을 하나로 묶는 작업이 필수적이다. 왜냐하면 포퓰리즘을 이해해야만 대의민주주의를 완전히 이해할 수 있기 때문이다.

POPULISM

02

포퓰리즘의 다양한 정의

포퓰리즘은 수많은 다른 정치 이데올로기에 기생하면서 존재한다. 여러 다른 시점과 장소에서 포퓰리즘은 변화를 추동하는 힘이기도 했고 변화를 저지하는 힘이기도 했다. 포퓰리즘은 어떤 경우에는 좌파적 진보정치를 위해, 어떤 경우에는 현상 유지를 목적으로, 어떤 경우에는 극우파에게 사용되었다. 포퓰리즘 추종자는 때로는 어리석은 사람으로, 때로는 민주주의자로, 때로는 악마로 여겨졌다. 포퓰리즘이라는 용어는 여러 정치 현상에 사용되기도 했지만, 매우 협소하게 사용되기도 했다. 포퓰리즘은 어떤 정책이 국민들에게 너무 많은 지지를 받는다는 이유로, 또는 특정한 사회집단(사회적으로 옳지 않은 사회집단)이 어떤 정책을 너무 지지한다는 이유로 이들 집단에 대한 경멸감을 드러낼 때 사용되는 용어다. 포퓰리즘의 핵심 가치(포퓰리즘 형태로 나타나는 어떤 가치)가 무엇인지 확인하려는 학자들의 시도는 포퓰리즘을 정확하게 이해할 수 없다는 확신으로 이어지는 게 보통이다[그 사례로 Mouzelis(1985: 344); Taguieff(1955: 17, 25)를 보라].

포퓰리즘이라는 용어가 널리 쓰이는 데 반해, 개념으로서의 포퓰리즘에 대한 학문적 관심은 놀라울 정도로 적다. 포퓰리즘에 대한 체계적 연구에서도 개념으로서의 포퓰리즘에 대해 합의된 바는 매우 적다. 포퓰리즘 운동의 등장 자체와 마찬가지로, 어느 시대 어느 곳에서나 포퓰리즘의 본질을 파악하려는 시도가 있어왔지만, 포퓰리즘 연구에서 일관된 양식을 찾아내는 것은 쉽지 않다. 대부분의 연구자는 자신이 바라보는 포퓰리즘 사례의 등장 배경에 부합하는 포퓰리즘을 연구할 뿐이다. 포퓰리즘을 보편적 용어로 정리하려는 야망을 가진 연구자도 있었다. 또한 포퓰리즘의 본질은 없으며 포퓰리즘은 잡다한 형태로만 존재한다고 생각하는 연구자도 있었다.

포퓰리즘을 등장 맥락, 보편적 개념, 다양한 형태로 정의하려는 접근법 간의 차이는 포퓰리즘에 대한 연구의 유형 차이에서 비롯되었다. 정의상 특정한 포퓰리즘 형태에 주목하는 역사적 연구에서는 포퓰리즘의 등장 맥락을 강조하는 접근을 취한다. 포퓰리즘에 대한 여러 등장 맥락을 기반으로 한 정의들(농민들의 급진주의, 페론주의, 사회신용당의 사상적 배경, 러시아의 나로드니체스트보 등)은 특정 역사적 맥락에 대한 자세한 연구에서 도출된 것이다. 이들 연구는 역사적 맥락에 대해 자세하고 단일한 관점을 취하기 때문에 보다 거시적인 함의를 명확하게 드러내지 못한다. 만약 포퓰리즘을 명확히 정의하려는 시도가 존재했다면(비록 등장 맥락에 집중하더라도), 함의가 명백하고 체계적으로 적용 가능했다면 포퓰리즘에 대한 일반화된 정의가 잠재적으로라도 도출되었을 것이다. 특정한 맥락에서 얻은 정의를 다른 맥락에 적용하는 방식으로 개념에 대한 일반적 이해를 추구하는 것이 보통의 학문 과정이다. 우리가 포퓰리즘 개념에 대한 일반적 이해를 추구한다고 가정해보자. 이 경우 등장 맥락을 강조하는 방식으로 정의된 포퓰리즘은 해당 맥락에서는 문제가 없지만, 맥락이 바뀔 경우 더 이상 적용되지 않게 된다. (특정 맥락에서 등장한 포퓰리즘 형태가 아니라) 등장 맥락을 기반으로 도출된 개념으로서의 포퓰리즘은 지나치게 상황 의존적이라는 문제를 갖는다. 반면 맥락을 강조하는 포퓰리즘 연구 중에는 보편적인 포퓰리즘 개념을 정립하려 시도하는 대신, 포퓰리즘 현상에 포괄적으로 적용할 수 있는 느슨한 포퓰리즘 개념화를 시도한 연구가 몇몇 존재한다.

이 장에서 나는 일반화가 가능한(보편적 개념이나 다양한 형태를 강조하는 접근법을 택한) 포퓰리즘 연구, 또는 명시적으로는 등장 배경을 강조하지만 잠재적으로는 일반화가 가능한 포퓰리즘 연구의 최근 동향을 소개할 것이다.

최근의 포퓰리즘 연구 동향*

에드워드 실즈Edward Shils는 1950년대 미국의 매카시즘을 정면으로

* 여기서 말하는 최근이란 제2차 세계대전 이후를 의미한다. 북아메리카의 경우 1950년대에 냉전체제가 확립됨에 따라 반공체제 수립을 위한 국민 동원이 강조되면서 매카시즘 열풍이 불었으며, 1960~1970년대에는 소수 인종과 여성의 정치적 권리가 신장되는 동시에 미국 사회의 주류라 할 수 있는 백인 남성의 문화적 지위가 위협받았다(KKK를 떠올려보기 바란다). 1980년대에는 도널드 레이건 대통령이 당선되면서 경제적 자유와 보수적 가치를 전면에 내세운 신자유주의적 체제가 확립되었지만, 미국 경제는 '쌍둥이 적자'로 상징되는 난관에 봉착했다(최근 트럼프 대통령이 내세운 보호무역주의는 미국경제의 위기를 보여주

비판하면서 포퓰리즘의 등장 맥락을 기반으로 하는 포퓰리즘 정의를 제시한 바 있다. 실즈는 포퓰리즘을 다차원적으로 파악했는데, 포퓰리즘 사상은 독일의 나치즘 독재와 소련의 볼셰비즘 모두에 스며들어 있다고 보았다. 실즈는 포퓰리즘이 "오랜 기간 동안 어떤 계급이 권력, 재력, 교육, 문화 등의 영역을 독점하고 있다고 여겨지는 사회질서에 대한 대중적 분노popular resentment를 기반으로 하는 이데올로기가 유행할 때 발견된다"(Shils 1956: 100~101)라고 주장했다. 실즈는 엘리트와 대중의 관계에서 포퓰리즘을 이해하기 위한 핵심 요소를 발견했다. 포퓰리즘을 추종하는 사람들은 국가, 대학, 관료주의, 재정 제도 등과 같은 일련의 제도에 대해 근본적으로 양가감정을 보인다. 그다지 놀라울 것은 없지만, 포퓰리즘을 추종하는 사람들은 이들 제도에 속해 있는 사람들이 부패하고 지혜롭지 않다고 생각하기 때문에 불신하는 모습을 보인다. 포퓰리즘 지지자는 일반 국민의 마음속에는 지혜wisdom가 존재하기 때문에 정치제도가 국민의 의지와 동일한 경우에만(국민의 의지를 대표할 경우가 아니라) 정치적 합법성을 가진다고 생각한다(Shils 1956: 101~103).

1950년대 일어난 매카시즘 현상은 미국의 포퓰리즘이 극단주의로 나타날 위험성을 지적하는 학문적 연구 수행에 큰 영향을 끼쳤다. 실즈

는 좋은 예다). 즉, 제2차 세계대전 이후의 미국 정치는 정치적 가치와 경제적 안정이라는 두 가지 측면에서 흔들리기 시작했다. 서유럽 역시 비슷하다. 서유럽의 경우 1960~1970년대부터 환경주의를 강조하는 녹색당, 페미니즘 정당 등이 선거를 통해 제도권에 서서히 편입되기 시작했고, 1980년대부터는 신자유주의 정책들이 실시되었다. 정치적 가치와 경제적 안정이라는 점에서 서구적 정치체제가 흔들리기 시작하면서 1990년대부터는 극우주의적 포퓰리즘 정당들이 선거에서 약진하기 시작했다(최근 이 경향은 더욱 심해지고 있다. 영국의 브렉시트나 극우 성향의 르펜이 돌풍을 일으킨 2017년 프랑스 대선 과정이 이러한 경향을 잘 반영한다). 이러한 시대적 배경을 감안하고 이 글을 읽기 바란다. _옮긴이

가 포퓰리즘에 대해 저술한 데에도 이러한 시대적 배경이 작용했다. 조셉 매카시Joseph McCarthy가 등장한 이후 미국에서는 우파 극단주의의 등장 배경과 원인을 설명하기 위한 일련의 연구가 진행되었다(Lipset 1963; Bell 1963; Rogin 1967; Lipset and Raab 1971). 이들 연구는 크게 두 가지 성향으로 나눌 수 있다. 첫째 성향의 연구에서는 국민당The People's Party과 1950년대 당시의 포퓰리즘 운동 및 매카시즘에 내재한 사상 사이의 연관성을 탐색했다. 이 연구들에 따르면 당시의 포퓰리즘은 극단주의적이며 편견에 가득 찬 반동적 성향을 가졌다. 둘째 성향의 연구에서는 포퓰리즘 지지의 사회적 기반을 탐색했다. 즉, 이러한 형태의 포퓰리즘 운동에 참가하는 사람들은 어떤 특징을 지니고 있는지 살펴보았다.

실즈는 자신의 포퓰리즘 분석을 아프리카와 아시아 지역에서 나타난 포퓰리즘을 설명하는 데도 적용했다. 실즈는 포퓰리즘에 대한 구체적인 비교연구를 실시했으며, 포퓰리즘이 전 세계적인 지성인 공동체에 대한 반발로 등장하고 있다는 결론을 내렸다. 실즈는 포퓰리즘이 "도심과 전 세계적인 지성인 공동체의 흐름으로 형성된 지역 사이의 갈등 현상"이라고 주장했다(Shils 1962: 214). 실즈는 포퓰리즘의 역사를 연구하면서 국가, 대학, 교회 권력을 기반으로 하는 통치를 거부하고 비판했던 독일의 역사적 사례에서 포퓰리즘의 원초적 형태를 발견했다. 또한 실즈는 포퓰리즘이 등장한 곳에서는 '일반인folk' 또는 국민에 대한 믿음을 찾을 수 있다고 보았다. 실즈는 아프리카와 아시아 지역에서 나타난 지식인 엘리트에 반대하는 포퓰리즘 현상을 서술하기 위해 미국과 러시아에서 등장한 포퓰리즘의 공통성을 언급하며, 어떤 것에 대한 반대가 포퓰리즘의 특징이라고 주장했다.

윌리엄 콘하우저William Kornhauser는 실즈의 포퓰리즘 정의를 기반으로 대중사회를 분석했다. 콘하우저는 포퓰리즘은 사회적 분화에 직면해 다원성을 거부하고 통일성을 주장한다는 점에서 대중사회의 원인이자 동시에 결과라고 주장했다(Kornhauser 1959: 103). 콘하우저에 따르면 대중사회는 자유민주주의와 배치되는 포퓰리스트 민주주의populist democracy로 이어진다. 포퓰리스트 민주주의에서는 정치제도와 대표자 집단 대신 국민의 직접참여를 주장하며, 이에 따라 개인의 자유를 거부하고 단일 집단으로서의 국민이 우선권을 가져야 한다고 주장한다(Kornhauser 1959: 131~132).

실즈는 전 세계적인 지성인 공동체라는 새로운 조건을 강조하면서, 이러한 새로운 조건이 특정한 국가 맥락에서 엘리트와 특정 사회 집단 사이의 관계에 변화를 초래한다고 주장했다. 실즈의 이러한 주장은 포퓰리즘을 근대성 또는 근대 세계의 특징에 대한 반발이라고 파악하는 다양한 포퓰리즘 정의에서 여전히 발견되고 있다. 또한 실즈의 포퓰리즘 정의는, 최초의 연구 대상이 미국이었음에도 불구하고, 세계화된 공간에서 중심부 국가와 주변부 국가 간 갈등과 국가 내의 통치자와 피통치자 간 갈등이라는 이중구조에 초점을 맞추었는데, 이는 세계 체제에서 경제적 주변부인 국가의 연구자들로부터도 공감을 얻기에 충분했다.

토르쿠아토 디텔라Torcuato Di Tella는 라틴아메리카의 포퓰리즘을 연구하면서 라틴아메리카의 포퓰리즘과 유럽의 포퓰리즘에 대한 구체적인 비교연구를 수행했다. 포퓰리즘에 대한 초기 연구에서 디텔라는 라틴아메리카 국가들의 발전 형태가 유럽 국가들의 발전 형태와 어떻게 다른지를 보여주며 라틴아메리카 포퓰리즘의 여러 유형을 정리했다(Di Tella 1965). 디텔라는 1989년의 동유럽 혁명을 연구함으로써 라틴아메리카 국가들의 경험과 동유럽 국가의 경험이 어떻게 유사한지 밝히기도 했다(Di Tella 1997). 특히 디텔라는 현상을 타파해야 한다는 포퓰리스트 정치인의 주장이 현상을 타파하려는 중산층 엘리트들의 의지와 맞물릴 때 대규모의 군중동원이 이루어지며, 이를 통해 중산층 엘리트와 대중의 집합적 열망을 기반으로 하는 포퓰리즘 운동이 등장한다고 강조했다(Di Tella 1965: 53). 디텔라는 포퓰리즘 운동을 "사회적 중산층과 상층부를 차지하는 엘리트들이 주도하고 카리스마 있는 지도자와 추종자가 인간적 관계를 통해 결속된, 동원되었으나 자율적으로 조직되지 않은 다양한 사회집단을 기반으로 한 정치운동"(Di Tella 1965: 196)이라고 정의했다. 디텔라는 이 같은 포퓰리즘의 등장 조건은 더 경제적으로 발전한 국가들에서 사회민주당이 대두되는 조건과 유사하다고 주장했다(Di Tella 1965, 1997). 따라서 디텔라는 포퓰리즘이 근대성을 쟁취하기 위한 사회 발전 과정의 기능을 수행한다고 파악한다.

명시적으로 밝히지는 않았지만, 디텔라는 포퓰리즘에 참여하는 빈자와 일부 엘리트를 구분하고 있으며 이들이 연합하는 사회환경적 특성으로 포퓰리즘이 촉발된 것임을 강조하고 있다. 포퓰리즘 참여자를 구분하는 것은 중요하다. 하지만 포퓰리즘 운동의 사회적 구성 방식을 통해 포퓰리즘을 파악하려는 시도는 필연적으로 포퓰리즘의 범위를 축소시킨다. 왜냐하면 이러한 시도는 포퓰리즘을 주도하는 여러 다양한 사회집단 중 상당수를 배제하기 때문이다.

디텔라의 연구에서는 저개발 국가의 엘리트와 경제적 선진국의 엘리트 사이의 차이점, 포퓰리즘에 참여하는 사회집단 사이의 차이점, 그리고 현상 유지에 대한 포퓰리즘 참여자의 불만 등이 강조되고 있다. 포퓰리즘 운동에 참여하는 사회적 집단은 사회적 지위 상승 욕구가 좌절된 교육받은 계층, 낮은 사회적 지위와 빈곤한 생활 조건으로 현 체제에 불만을 가진 교육받지 못한 계층 등으로 이루어져 있다(Di Tella 1965: 52).

디텔라의 포퓰리즘 이론이 가진 문제는 모든 사회는 고정된 사회 발전 단계에 놓여 있으며 이 연속선상에서 움직인다고 가정한다는 점이다. 디텔라의 이론은 근대로의 발전 단계가 단일하다는 암묵적인 가정을 받아들이고 있다. 그러나 사회 발전의 본질과 사회 발전의 종착점에 대한 가정을 근본적으로 거부할 경우 디텔라의 이론은 설득력을 잃는다. 또 다른 문제는 디텔라 이론에서는 근대화 발전 단계에 있는 사회에서만 포퓰리즘 현상이 관찰된다고 주장한다는 점이다. 포퓰리즘의 전형적인 사례로는 미국을 들 수 있으며(Kazin 1995), 유럽 정치에서도 포퓰리즘 현상이 반복적으로 등장하는 특징을 보인다. 그럼에도 불구하고 디텔라와 같은 학자는 제3세계 또는 라틴아메리카 국가들에서 발견되는 포퓰리즘 현상을 근대화 발전 과정에 놓인 사회의 특징이라고 개념화하고 있다[비슷한 예로는 Malloy(1977); Germani(1978) 참조].

라틴아메리카 지역의 사례를 연구한 연구자의 주장 중 상당 부분은 아프리카와 제3세계 국가의 정치 연구자들이 주장하는 내용과 일맥상통한다. 개빈 키칭Gavin Kitching은 포퓰리즘을 자신이 수행한 사회 발전 과정 연구의 핵심으로 제시하고 있다. 키칭은 포퓰리즘이 산업화에 대한 반발이며, 포퓰리즘 운동은 소규모 생산을 중요시하고 생산의 집중에 반대하는 특성을 갖는다고 주장했다(Kitching 1989: 19~22). 따라서 키칭의 포퓰리즘 연구는 경제적 분석에 치우쳐 있고 농민의 이데올로기에 초점을 맞추며 포퓰리즘 현상의 전형적인 사례로 러시아의 포퓰리즘에 주목한다.

키칭의 포퓰리즘 이론은 너무 구체적이라는 문제를 안고 있다. 일종의 정치경제학적 사고방식의 연장선에서 포퓰리즘이 연구되고 있는 것이다. 키칭의 포퓰리즘 연구가 틀린 것은 아니다. 그러나 키칭의 연구는 포퓰리즘이 왜 등장하는가가 아닌, 결과로 드러난 포퓰리즘 현상을 설명하는 데만 집중했다는 문제를 안고 있다. 본질적으로 포퓰리즘 현상은 특정한 지배 방식에 대한 반발이다. 농업을 위주로 하는 농민 사회의 경우 정치적 표현이 허가된다면 지배 방식에 대한 반발은 그 맥락에 맞는 특정한 사상들의 집합으로 표출될 것이다. 그러나 포퓰리즘의 핵심은 포퓰리즘 운동이 지배 방식에 대한 반발이라는 사실이지, 지배 방식에 반발하는 특정한 양상이 아니다. 페론의 포퓰리즘을 떠올려보자. 페론이 제시한 개념과 사상은 본질적으로 변화무쌍하다는 특징을 갖고 있으며, 바로 이 특징으로 인해 페론이 제시한 개념과 사상은 정치적 성공을 거두었다. 하지만 키칭은 포퓰리즘의 파생적 특징에만 집중했다. 모든 포퓰리즘에서는 여러 부가적 사상이 도출되지만, 포퓰리즘을 포퓰리즘으로 특징짓는 핵심 요인은 그러한 부가적인 사상이 아니다.

기타 이오네스쿠Ghita Ionescu와 어니스트 겔너Ernest Gellner는 1967년 런던정경대학에서 학술대회를 주최했다. 다양한 포퓰리즘 현상을 연구하는 43명의 전문가들이 포퓰리즘에 대한 보다 일반적인 이론을 도출하기 위해 한 자리에 모인 이 학술대회에서는 전 세계의 다양한 지역이 연구 대상에 포함되었다. 이들은 다양한 지역을 대상으로 연구함으로써 포퓰리즘 이론화에서 나타나는 국지성의 위험을 극복하려 했다.

학술대회의 결과이자 포퓰리즘 연구의 결정판인 책 『포퓰리즘: 그 의미와 국가적 특징Populism: Its Meanings and National Characteristics』(Ionescu and Gellner 1969a)의 서문에서 이오네스쿠와 겔너는 "19세기와 심지어 20세기에 걸쳐 일반적으로 인정되는 것보다 훨씬 더 사람들의 정치적 심리 상태에 근본적인 영향을 끼친 포퓰리즘 개념의 주요 특징을 명확하게 밝히는 것이 책의 목적"이라고 밝혔다(Ionescu and Gellner 1969a: 5). 편집자들은 포퓰리즘을 단일 현상으로 파악할 수 있는지 여부에 답해야 하는가를 명시적으로 다루었다. 편집자들은 포퓰리즘을 이데올로기, 비슷한 조건에서 발현되는 마음, 정치적 심리 상태, 무언가에 대한 반대 현상(반자본주의, 반도시화, 반유대주의), 국민 우선주의pro-people 현상, 또는 사회주의·민족주의·농민주의 등에 흡수될 수 있는 심리 상태 등으로 간주할 수 있는지에 대해 논의했다(Ionescu and Gellner 1969a: 3~4). 이 책은 포퓰리즘 연구자들이 공동 노력한 이정표이며, 게재된 개별 연구는 포퓰리즘 연구에 크게 기여했다. 그러나 편집자들의 바람에도 불구하고 포퓰리즘 현상에서 공통적으로 발견되는 핵심 사상의 집합을 찾을 수 없다는 것이 이 책의 결론이었다.

이 책의 집필진 가운데 한 명인 피터 워슬리Peter Worsley는 미국, 러시아, 아시아, 라틴아메리카에서 등장한 포퓰리즘을 살펴본 후 다양한 포퓰리즘 현상을 공통적으로 설명할 수 있는 이론은 매우 추상적인 수준의 일반론뿐이라는(달리 말하자면 구체적 유용성이 낮다는) 결론을 내렸다. 즉, 포퓰리즘은 "특정한 이데올로기적 체계의 유형 또는 이데올로기적 조직 방식이라기보다 정치문화 전반에 나타나는 어떤 차원이나 특성으로 간주되는 것이 더 낫다"(Worsley 1969: 245)라는 것이다. 워슬리가 연구한 바에 따르면 여러 포퓰리즘 현상의 공통된 핵심은 국민주권popular sovereignty의 중요성 및 국가와 국민 간 직접 소통의 중요성을 강조하는 실즈의 포퓰리즘 정의와 매우 유사하다는 것이다(Worsley 1969: 243~246).

워슬리에 따르면, 만약 '제3세계' 포퓰리즘 현상에만 한정시킨다면 포퓰리즘은 일반론의 한계를 벗어날 수 있다. 또한 워슬리는 제3세계 포퓰리즘이 다음 네 가지 특성을 갖는다고 분석한다. 첫째, 사회를 본질적으로 동질의 존재로 파악하며, 사회 속 집단들은 상호 적대적이지 않다. 다시 말해 정치적으로 계급 갈등이 존재하지 않으며, 사회 구성원들은 공동체community를 구성하면서 '자연적'으로 존재한다. 둘째, 사회에서 발생하는 진정한 갈등은 사회와 외부 세계, 특히 식민 권력 사이에서 발견된다. 셋째, 공동체, 사회, 민족과 관련된 사상을 하나로 통합하는 단일 정당을 통해 공동체가 구현된다. 넷째, 정당은 사회를 해방시키고 경제 개발을 선도하는 역할을 수행한다(Worsley 1969: 229~230, 1967: 165~167).

피터 와일스Peter Wiles는 포퓰리즘이 등장하는 사회에 대한 전문가적 지식이 부족하다는 점을 문제로 지적했다. 그는 포퓰리즘을 징후로 파악해 포퓰리즘이 지닌 24가지 특징을 다음과 같이 제시했다(Wiles 1969: 167~171). 도덕주의적이다. 포퓰리즘만의 고유한 스타일이 존재한다. 비범한 지도자에게 의존한다. 체계적이지 않은 정치운동 형태를 띤다. 목적이 무엇인지 명확하지 않다. 반지성적이다. 반체제적이다. 무력하며 충동적인 폭력이 수반된다. 계급의식이 표출되기는 하지만 계급 간 갈등을 회피하려는 면에서 현실 타협적이다. 포퓰리즘 운동이 성공한 후 운동 주체들이 타락하고 특권 계급화하는 모습을 보인다. 운동 참여자들 사이의 협력 규모가 크지 않다. 부유하지 않은 사람들이 지지하는 경향이 강하다. 금융 자본가에 대해 매우 비판적이다. 대규모 생산 자본가에 대해서는 그다지 비판적이지 않다. 도시 중심적인(또는 농촌 중심적인) 경우가 대부분이다. 경제에 대한 국가 개입을 찬성한다. 자신들이 반대하는 제도로 인해 벌어진 사회·경제적 불평등에 반대한다. 군부가 주도하는 대외 정책에 대해 회의적이며 대체로 고립주의적 외교 정책을 선호한다. 종교에는 호의적이지만 기존 종교 조직에 대해서는 비판적이다. 과학과 기술을 경멸한다. 회고주의적이다. 대부분의 포퓰리즘 지지자는 어느 정도 인종주의적 태도를 갖는다. 여러 가치관이 혼재되어 있다(이를테면 산업화 이전의 사상을 추구하는 농민의 경우 반산업화 성향에도 불구하고 농업에 도움이 되는 산업화에 대해서는 용인하는 모습을 보인다). 포퓰리즘을 나쁘다고만 보기는 어렵다.

이사야 벌린Isaiah Berlin은 학술대회에서 토론한 내용을 전반적으로 포괄하려 시도하면서 다양한 포퓰리즘 현상에 대해 적용 가능하고 일반적으로 합의된 특징을 다음 여섯 가지로 제시했다. 첫째, 게마인샤프트Gemeinschaft(공동체community와 유사한 의미)를 숭배한다. 이를 통해 포퓰리즘은 통합되고 일치된 사회를 추구하는 사상으로 나타난다. 둘째, 정치제도에 관심을 두지 않는다는 점에서 비정치적apolitical이다. 포퓰리즘 지지자는 국가보다 사회를 믿기 때문이다. 셋째, 포퓰리즘 지지자는 사회가 국민들을 일종의 영적 타락에 빠지기 전의 본질적이고 자연적인 상태로 되돌려야 한다고 생각한다. 넷째, 과거의 가치를 현 세계에 다시 심어주려 시도한다는 점에서 과거 지향적이다. 다섯째, 포퓰리즘에서 다수는 국민을 의미한다. 포퓰리즘 현상에서는 다양한 형태의 국민들이 사용된다는 점에서 벌린은 이 특징을 '마지못해tentatively' 언급했다. 끝으로, 근대화를 겪고 있거나 겪기 직전의 사회에서 등장한다(Berlin et al. 1968: 173~178).

에르네스토 라클라우(Ernesto Laclau 1977)의 포퓰리즘 이론은 포퓰리즘 내부의 명백히 모순적이며 불투명한 속성들이 어떻게 효과적으로 이용될 수 있으며 마르크스주의 이론을 보강할 수 있는지를 보여준다.

라클라우에 따르면 포퓰리즘이라고 언급되는 일련의 사회운동에서 공통적인 특징을 추출하는 방식을 통해 포퓰리즘에 대한 일반적 이론을 수립하는 것은 순환 논법에 불과하다. 어떤 사회운동을 포퓰리즘 운동이라고 간주하고 연구하는 것은 포퓰리즘이 어떤 의미인지 이미 알고 있다는 것을 전제한다. 이는 본질적으로 상이한 일련의 사회운동을 일반화시키는 결과로 이어진다(Laclau 1977: 145). 라클라우는 포퓰리즘이라는 개념이 본질적으로 혼란스럽고 명백히 모순적일 수밖에 없다는 점을 우선 인정하고 자신의 포퓰리즘 이론을 시작한다. 라클라우는 이를 매우 복잡한 방식으로 설명한다. 라클라우에 따르면 어떤 사회의 주류 사상은 주류의 사고방식 또는 헤게모니를 쥐고 있는 계급의 사고방식을 대표하는 사상이다. 즉, 주류 사상은 주류 계급의 우월함을 표현하며, 자신과 대립되는 사상에 대해서는 그저 자신과 다를 뿐 본질적인 마찰을 일으키지는 않는 것처럼 사회 속에 표출되게 함으로써 대립되는 사상을 흡수하고 중화시킨다. 따라서 어떤 면에서 보면 포퓰리즘은 엘리트의 이데올로기라고 할 수도 있다. 주류 계급의 한 분파가 헤게모니를 구축하려다 실패할 경우 이 분파는 대중을 직접 설득함으로써 헤게모니를 구축하려 하는데, 이러한 포퓰리즘은 엘리트의 이데올로기라고 간주될 수 있다(Laclau 1977: 173).

라클라우는 여러 사회 세력 사이의 갈등을 통해 자본주의적 생산 과정에서 나타나는 모순이 부분적으로 드러난다고 주장한다. 단순화시켜 말하자면 사회에서는 계급 간 적대감이 표출된다. 라클라우는 지배계급의 일원이 아니라 통치의 대상인 더 광범위한 일반 대중의 관심을 반영하면서 일반 대중의 관습을 따르는 계급으로부터 호응을 이끌어내지 못하면 사회 전반에서 갈등이 발생한다고 주장한다. 이것이 바로

'국민'과 '권력집단power bloc' 사이의 갈등이다. 이런 점에서 지배를 받는 계급에 부응하는 사상은 국민-민주적 사상이라고 부를 수 있다. 포퓰리즘은 계급 갈등이 국민-민주적 형태를 통해 표출될 때 발생한다. 라클라우는 포퓰리즘이 계급적 형태와 국민-민주적 형태 두 가지를 반드시 동시에 드러낸다고 주장한다. 간단히 말해, 계급과 국민은 동일한 대상을 지칭하지 않음에도 포퓰리즘에서는 계급과 국민을 동시에 언급한다는 것이다. 포퓰리즘의 이러한 특성은 왜 포퓰리즘 개념이 그렇게 애매한지를 설명해준다. 그 이유는 바로 '국민'과 '권력집단' 사이의 갈등은 어느 사회에서나 발견되지만 그 갈등의 양상은 제각각이기 때문이다. 한편 '권력집단'에 대항해 동원되는 계급은 사회마다 조금씩 다른데, 포퓰리즘의 역사에서 여러 계급이 연합하는 형태로 나타난 현상 또한 바로 이 차이로 설명할 수 있다.

마거릿 캐노번Margaret Canovan(Canovan 1981)은 포퓰리즘을 이해하기 위해 가장 야심찬 시도를 한 학자다. 캐노번은 농민적 포퓰리즘과 정치적 포퓰리즘을 구분하는 다면적 접근을 시도했다. 캐노번은 역사적으로 그리고 전 세계적으로 나타난 포퓰리즘 운동을 살펴보았다. 캐노번은 여러 포퓰리즘 운동을 구체적으로 논의함으로써 농민적 포퓰리즘을 농민의 포퓰리즘과 농노의 포퓰리즘, 그리고 지식계층의 포퓰리즘으로 구분했다. 캐노번은 미국의 국민당으로 표출된 농촌 기반 급진주의, 1930년대 캐나다의 사회신용당, 1890년대 독일의 농민운동 등을 비교한 후 이 세 가지 포퓰리즘 현상을 개별적 현상으로 파악하지 말아야 한다고 비판하면서, 세 가지 현상 사이의 일관성을 지적했다. 캐노번에 따르면 이 세 포퓰리즘 운동에 참여한 농민은 모두 경제에 대한 정부 개입을 주장했다는 공통점이 있다(Canovan 1981: 104).

캐노번은 러시아의 나로드니체스트보 같은 농촌 기반 급진주의와 알제리, 탄자니아, 볼리비아에서 나타난 농민들의 사회주의를 비교한 후, 이러한 포퓰리즘 운동이 농노에 대한 이상화 작업과 농민 집단을 이끌 리더십의 요구 사이에서 움직인다는 것을 발견했다(Canovan 1981: 109). 이들 포퓰리즘 사례를 통해 캐노번은 농촌 사회를 움직이고 동원시키는 엘리트 집단의 역할을 밝혔으며, 농촌 기반 포퓰리즘 운동을 실제로 주도한 사람들은 지식인이었다고 주장했다. 이는 소농이 핵심적 역할을 수행했던 농민적 포퓰리즘과는 다른 형태임을 보여준다. 동유럽의 여러 농민 정당은 20세기 초반에 등장한 후 녹색 봉기Green Uprising로 발전했는데, 캐노번은 이러한 사례를 근거로 농민적 포퓰리즘의 다양한 형태를 제시하고 있다. 제1차 세계대전 이후 폴란드, 루마니아, 불가리아, 체코슬로바키아 등에서 나타난 포퓰리즘 운동은 민주주의, 가족 재산, 도시에 대한 적대감을 강조하는 소농 사이의 자발적 협동의식을 북돋았다. 이처럼 다양한 농민적 포퓰리즘 형태 간에는 '단일한 용어를 사용해 이해할 수 있을 정도로' 충분한 공통점이 존재하지만, '이 모든 포퓰리즘 운동이 단일한 이데올로기나 강령, 또는 사회경제적 기원으로 묶일 수 있는 단일한 정치 현상'이라고 보기는 어렵다는 것이 캐노번의 주장이다(Canovan 1981: 133).

농민적 포퓰리즘에만 초점을 맞추면 놓치는 것도 많다. 캐노번이 지적하듯(Canovan 1981: 136), 포퓰리즘 형태를 띤 운동이 '정치적'임을 인식하는 것이 중요하다. 캐노번은 포퓰리즘 연구가 포퓰리즘 독재, 포퓰리즘 민주주의, 반동적 포퓰리즘, 정치인의 포퓰리즘 등을 포괄할 필요가 있다고 주장한다. 라틴아메리카의 포퓰리즘 사례를 생각해보면, 포퓰리즘이 반드시 농민적 특징만을 갖는다고 생각할 수는 없다. 왜냐하면 라틴아메리카의 포퓰리즘은 개혁 정책의 기치를 내세우면서 더욱 광범위한(실제로 도시의 노동자계급과 농촌의 소농이 연대한) '국민'을 이끄는 강력한 지도자가 존재하는 도시적 운동의 모습을 띠기 때문이다. 이에 대해 캐노번은 북아메리카의 사례를 들며 루이지애나에서 1928~1932년 주지사를 역임하고 1932~1935년 상원의원을 지낸 휴이 롱Huey Long을 포퓰리즘 사례로 언급한다. 롱은 월스트리트에로 부가 집중되는 것을 비판하고 루이지애나를 위한 사회개혁 프로그램을 제안하기도 했지만, 마키아벨리즘과 기만적인 독재 정치를 실시했다. 페론과 마찬가지로 롱 역시 빈민을 대표하는 강력한 지도자였으나 롱의 정치에서 반드시 농민적이라고 할 만한 정책을 찾을 수는 없다.

캐노번이 '정치적 포퓰리즘'이라고 표현한 포퓰리즘의 두 번째 유형에서는 직접민주주의 실천과 연관된 여러 제도를 다루고 있다. 19세기 미국의 포퓰리즘 운동은 20세기 진보적 운동의 기원이라고 할 수 있다. 19세기 포퓰리즘 운동 및 국민당과 달리, 20세기의 진보적 운동은 순수한 대중 운동이라기보다 상층부 지식인의 이상에 의해 주도된 운동이었다. 포퓰리즘 운동과 마찬가지로 진보적 운동은 대의정치 기관을 불신했으며, 국민발의, 국민투표, 국민소환제 같은 방식을 통해 정치적 대표자의 역할을 우회하는 방법에 의존했다. 이러한 제도를 통해 미국의 민주주의 모델을 강화시키려는 시도는 19세기 포퓰리즘을 등장시킨 풀뿌리 조직의 기반이 살아 있는 서구에서 성공을 거두었다(Canovan 1981: 177). 19세기 미국의 포퓰리즘 운동에서는 대의민주주의는 특정 집단의 이해를 과도하게 반영하고 있으며 대의정치 기구가 유력 집단의 이해관계에 따라 좌우된다는 암묵적인 가정을 따랐기 때문에 이 같은 방법을 통해 민주주의를 보완해야 한다고 요구했다. 따라서 직접민주주의 사상을 기반으로 하는 대의정치 기구를 기성 권력을 제어하는 장치로 활용했다. 캐노번은 직접민주주의 기관이 부가적인 권력기관이 아닌 정부 구조에 통합된 방식으로 운영되는 스위스 사례와 진보적 운동에서 나타나는 직접민주주의를 비교했다. 스위스는 분권화를 극복하고 매우 분절되고 파편화된 인구 사회 집단을 통합하는 수단으로 포퓰리즘적 민주주의 형태인 국민투표를 광범위하게 활용함으로써 어려운 환경에서도 민주주의가 효율적으로 작동하는 사례다. 캐노번은 스위스가 '포퓰리즘 민주주의의 장점과 단점'(Canovan 1981: 202)을 보여주는 사례라고 주장했다.

캐노번은 포퓰리즘의 세 번째 유형으로 반동적 포퓰리즘을 언급했다. 캐노번은 미국 앨라배마주의 주지사였던 조지 월러스와 영국의 이넉 파월Enoch Powell을 비교했다. 인종분리에 대한 반대 경력을 기반으로 월러스는 1968년 제3당 후보로 출마했고, 파월은 이민이 영국 문화에 미칠 위험성을 지적하는 연설을 한 바 있다. 월러스와 파월의 주장은 엇비슷했다. 둘 다 '반동적·권위주의적·인종주의적·국수주의적인 풀뿌리 가치와 진보적·자유주의적·관용적인 세계 시민으로서의 엘리트 가치'(Canovan 1981: 229)를 대립시키면서, 엘리트의 가치와 일반 국민의 가치가 다르다는 것을 강조했다. 두 정치인이 하나로 묶일 수 있는 이유는 둘 다 명백한 진보적 물결을 거부했기 때문이다. 캐노번은 진보주의와 포퓰리즘 사이의 대립이 '진보'란 무엇인가와 관련된 맥락에 달려 있다는 점을 지적했다. 이렇게 본다면 현재의 주도적인 사상에 반발하는 성격을 지닌 포퓰리즘은 반동적이지만 동시에 합리적일 수도 있다. 캐노번의 말을 빌리자면 포퓰리즘이 '불명예스러운' 이유는 일부 국민의 여론을 기반으로 어려운 현재 상황에 반발하는 데 불과하기 때문이다(Canovan 1981: 257~258).

캐노번은 포퓰리즘의 마지막 유형으로 정치인의 포퓰리즘을 언급했다. 이는 누가 '국민'인지를 둘러싼 모호함을 기반으로 벌어지는 정치 스타일을 의미한다. 아프리카의 포퓰리즘 사례를 근거로 몇몇 정치인은 국가 내의 분열된 집단을 초월해 단일 국민a unified people을 창출해내기 위한 정치적 주장을 제시했다. 이러한 주장은 흔히 일당 독재체제를 정당화시키기 위한 것이다. 또는 몇몇 정치인의 경우 계급 간 연대 또는 '통합'적 연대를 통해 단일 국민을 구성하려 시도했다. 지미 카터Jimmy Carter는 자신을 정직한 농부, 즉 정치적 아웃사이더라고 내세웠으며, 이를 통해 대통령을 열망하는 포퓰리스트 정치인 이미지를 구축했다. 즉, 카터는 유권자에게 진보적이면서도 보수적인 모습을 동시에 강조하는 선거 캠페인을 성공적으로 실시함으로써 대통령에 당선되었다(Canovan 1981: 269~273).

캐노번은 일곱 가지 포퓰리즘 유형을 통해 모든 포퓰리즘 현상에서 나타나는 공통점은 없지만 몇 가지 구분 가능한 징후를 확인할 수 있다고 주장한다. 일곱 가지 포퓰리즘 유형의 유사점을 통해 캐노번은 '서민little man의 포퓰리즘', 권위주의적 포퓰리즘, 혁명적 포퓰리즘 사이의 유사점을 찾을 수 있다고 주장한다(Canovan 1981: 291~292). 또한 캐노번은 역사적으로 이들 포퓰리즘 유형이 묶이기도 하고 분리되기도 하면서 독특하게 발현된다고 주장한다(Canovan 1981: 293). 일곱 가지 유형의 포퓰리즘에서 공통적으로 나타나는 유일한 특징은 국민에 대한 호소와 엘리트에 대한 불신이다(Canovan 1981: 294). 포퓰리즘은 널리 사용되는 용어이므로 명확하게 이해될 필요가 있다. 그러나 포퓰리즘은 공통된 특징 없이 다양한 현상을 포괄하기 때문에 복잡한 포퓰리즘을 설명할 수 있는 유일한 방법은 포퓰리즘의 유형을 구분하는 것이라고 캐노번은 결론 내린다.

포퓰리즘 개념에 대한 더 최근 연구는 비판적 사회이론을 소개하는 급진주의적 (그리고 종종 우상파괴적이기도 한) 미국 학술지 ≪텔로스Telos≫에서 찾아볼 수 있다.[1] ≪텔로스≫ 논문 기고자의 배경은 다양하지만, 이 학술지는 포퓰리즘을 개념화하려는 의도에서 출발했다. 또한 ≪텔로스≫의 목표이기도 한 비판적 이론을 발전시키는 이론적 도구로 포퓰리즘을 분석하려는 의도도 명확하게 담고 있다. ≪텔로스≫에 기고된 논문에서는 포퓰리즘이 자유주의 헤게모니에 대한 비판이자 대안으로서 최선의 가능성을 보인다는 공통된 주장을 펴고 있다. 현재 미국 사회와 정치를 대표하는 '뉴딜' 자유주의에서는 신조절국가new regulatory state의 기술주의적 장치를 통제할 수 있을 만큼 높은 교육을 받은 관료주의적 전문직 종사 엘리트인 신계급, 뉴딜 정치에 대한 지지 기반을 형성했던 전통적 중산 계급, 노동계급 사이에 갈등이 나타나고 있고 이로 인해 자유주의에 대한 대안의 필요성이 고조되고 있다. ≪텔로스≫에 기고된 논문의 입장은 포퓰리즘이 자유주의에 대한 반작용이라는 나의 주장과 맥을 같이한다(더 정확하게는, 포퓰리즘은 자유주의가 아닌 자유주의적 민주정치제도에 대한 반작용이라고 나는 주장한다). 특히 ≪텔로스≫에 기고된 논문은 대의정치의 엘리트와 대표자를 선출하는 공동체 사이의 불일치에 주목한다. 이들은 지역 정치 및 정치에 대해 책임감을 갖고 있는 개인의 참여를 다시 활성화시킬 필요성을 주장하면서 포퓰리즘이 해방의

---

1 ≪텔로스≫에 공표된 입장에 대한 다양한 논문과 평론으로는 다음을 참조. Anderson et al. 1991; *Telos* 1991, 1991~1992, 1995a, 1995b; Piccone 1991; Lasch 1991.

정치 프로젝트로서의 가능성을 갖고 있다고 주장했다.

≪텔로스≫ 기고자들은 자신들의 주장이 적용될 수 있는 가능성을 보여주는 사례로 이탈리아에서 지역을 기반으로 한 정치 집단(예를 들어 북부연맹Lega Nord)이 등장한 사실을 언급했다. 이 사례를 통해 포퓰리즘이 자유주의에 대한 새로운 비판 이론이 될 가능성을 제시하면서, 포퓰리즘과 급진민주주의적 입장을 연계시켰다. ≪텔로스≫ 기고자들은 포퓰리즘이 인종주의와 새로운 배제적 이데올로기로 타락할 가능성을 인정했지만, 이를 포퓰리즘의 위험 가능성이라고 인식할 뿐 포퓰리즘의 본질 또는 불가피한 결말이라고 생각하지는 않았다. 접근 가능한 유럽의 포퓰리즘 현상을 살펴보기는 했지만 ≪텔로스≫에서 논의하는 포퓰리즘 개념은 높은 이론화 수준에도 불구하고 실제로는 미국이라는 맥락에 기반을 두고 있다. 미국 민주주의의 근본사상을 명시적으로 존중하며 미국의 정치제도에서 나타난 독특한 자유주의('뉴딜 자유주의')를 중요하게 생각한다는 점에서 ≪텔로스≫에 드러난 포퓰리즘 개념은 레이건 대통령 이후의 미국이라는 시간과 장소에 국한된 모습을 보이고 있다.

포퓰리즘에 대한 최신 연구를 살펴보면 네 가지 명확한 특징을 추출할 수 있다. 첫째, 포퓰리즘 개념을 다루는 연구는 상대적으로 많지 않다. 이는 포퓰리즘 용어가 널리 그리고 많이 사용된다는 점을 감안하면 놀라운 일이다. 둘째, 포퓰리즘을 개념적으로 대담하게 다룬 연구나 비교연구에 기반을 둔 포퓰리즘 개념화 연구에서는 해당 연구의 발단이 된 포퓰리즘 사례의 발생맥락이라는 흔적이 여전히 드러난다. 다시 말해 이들 연구의 시발점이 된 연구맥락의 제한점으로 인해 포퓰리즘을 보다 보편적인 개념으로 이해하기 어렵다. 셋째, 개별 사례들을 국제적 관점에서 종합하는 방식으로 포퓰리즘의 개념화를 시도한 연구(Ionescu and Gellner 1969a)의 경우 연구자의 능력과 전문성의 영역을 비교하는 것이 가능하지 않기 때문에 개별 사례를 단순 종합하는 것이 불가능하다. 끝으로, 캐노번(Canovan 1981)과 같이 여러 사회에서 나타나는 포퓰리즘 현상을 포괄하는 동시에 포퓰리즘에 대한 대담한 개념화를 시도하려는 연구에서는 포퓰리즘이 본질적으로 파편화된 개념이라는 결론을 내리고 있다.

제 1 부

POPULISM

포퓰리즘 사례

POPULISM

03

미국의 포퓰리즘
:
포퓰리즘과 대중운동 정치

포퓰리즘을 이해하지 않고는 미국 정치를 이해하기 어렵다. 또한 미국의 포퓰리즘 현상을 이해하지 않고는 포퓰리즘 자체를 이해하기도 어렵다. 헌법을 통해 구현된 미국 정치체제와 미국 고유의 국가적 정체성은 대의민주주의 원칙을 기반으로 형성되었다. 따라서 대의정치에 대한 반발로서의 포퓰리즘 현상은 미국 정치에서 반복적으로 등장해왔다.

19세기 후반에 등장한 국민당과 포퓰리즘 운동은 포퓰리즘 현상의 상당 부분을 설명해준다. 물론 포퓰리즘 운동이 미국 정치사에서 두드러지지는 않는다. 미국 정치사를 되돌아볼 때 미국 정당 시스템의 두 거대 정당인 민주당 및 공화당과 경쟁할 수 있는 독립적이고 새로운 정치세력이 등장하지 않았다. 미국의 포퓰리즘 운동은 미국 역사의 아픈 기억인 1860년대 남북전쟁 이후부터 1930년대 프랭클린 루스벨트Franklin Roosevelt의 뉴딜정책 이전까지의 역사적 기간에 흥미롭게 등장했으나 결국 정치세력화에 실패했다. 그러나 1880~1890년대의 국민당과 당시의 포퓰리즘 운동은 좌절된 다른 포퓰리즘 운동과 비교할 때 매우 독특하다. 미국 정치사에 면면히 흐르는 포퓰리즘을 형상화하고 끌어내며 동원한 결과로 나타난 것이 바로 당시 국민당과 포퓰리즘 운동이었다.

미국이라는 맥락에서 벗어나더라도 국민당 사례는 아래로부터 동원된 대중운동 형태를 명백하게 보인 포퓰리즘 사례라고 할 수 있다. 19세기 미국의 포퓰리즘은 카리스마 넘치는 특정 지도자가 주도한 것(예를 들면 라틴아메리카의 페론)도, 학습을 통해 길러진 엘리트와 이론가가 복잡하고 추상적인 이데올로기를 실천한 것(예를 들면 러시아의 포퓰리즘)도 아니라는 점에서 독특하다. 국민당은 대중적 열망을 기반으로 등장한 대중운동이었다. 앞으로 살펴볼 다른 포퓰리즘 사례와 달리, 미국의 국민당은 풀뿌리를 기반으로 한 진정한 대중운동의 정치를 보여주었다. 또한 미국 남부와 서부의 농민이 주도한 진정으로 대중적인 정치운동에서 나타난 특징은 이들이 '국민'을 앞세웠다는 점에서 잘 드러난다. 미국의 포퓰리즘 운동과 국민당은 급진적인 변화를 추구했지만 혁명이라고 부르기는 어려운 진보적 포퓰리즘의 가능성을 보여준다.

미국의 포퓰리즘 운동은 국민당으로 시작했지만 국민당과 함께 끝난 것은 아니다. 마이클 카진Michael Kazin(Kazin 1995)의 주장처럼, 포퓰리즘 운동은 미국 정치의 핵심이다. 카진에 따르면 포퓰리즘의 근원은 반엘리트주의, 종교개혁, 계몽운동(특히 '경건주의Pietism'와 합리주의)에서 비롯한 19세기 사상에서 발견될 수 있으며, 포퓰리즘은 '미국주의Americanism'라는 근본사상과 함께 엮여 있다고 주장한다. 포퓰리즘이라는 '영속적이지만 변화하는 정치 레토릭 스타일'(Kazin 1995: 5)은 진보적이며 개혁적인 좌파적 이데올로기부터 보수적이고 반동적인 우파적 이데올로기까지 변화 가능하다는 것(실제로 지금까지 그러했다)이 카진의 핵심 주장이다. 포퓰리즘이 이렇게 다양한 모습으로 나타났기 때문에 혁명적 사상으로 갑자기 변하는 일 없이 개혁적 운동의 열정과 열망을 부르짖을 수 있었다. 카진의 관점에서 보면 미국의 포퓰리즘 운동은 근본적인 이데올로기 구조를 위협하지 않으면서 미국 정치에 대해 명확한 반대 입장을 취한다.

카진은 국민당이 시작된 때부터 20세기 초반 중앙집중화된 국가와 기업적 부의 집중에 반대하는 노동자 운동이 등장하기까지의 과정을 포퓰리즘의 계보로 파악했다. 당시 미국에서는 부유층이 자신의 이해관계를 위해 빈민층을 술에 취하도록 방치하고 이로써 부유층에 대항하지 못하도록 만든다는 주장이 제기되었고 이는 금주법으로 이어졌는데, 카진은 이 금주운동에서 포퓰리즘이 드러난다고 보았다. 카진은 기업 총수와 공산혁명 모두를 거부하는 새로운 사회세력을 육성하고자 한 프랭크 코글린Frank Coughlin 신부의 정치를 소개한다. 코글린 신부는 처음에는 '경제적 왕당파economic royalists'를 공격하는 프랭클린 루스벨트에게 동조했으나, 결국에는 제2차 세계대전에서 파시스트 국가를 지지하면서 미국주의에서 벗어나버린 포퓰리즘의 모습을 보여주었다.

카진에 따르면 냉전 시기가 되면서 미국의 포퓰리즘이 진보적 정치 대신 반동적인 보수적 정치 성향을 띠기 시작했다. 매카시가 국회를 배경으로 주도했던 반공주의 마녀사냥과 미국 남부의 조지 월리스가 주도한 인종정치를 거치면서 우파 포퓰리즘의 최종 형태는 리처드 닉슨Richard Nixon과 도널드 레이건Donald Reagan의 정치로 이어졌다.

도수 높은 렌즈를 이용해 연구 대상을 세밀하게 관찰하는 태도가 주변 상황을 거시적으로 조망하는 학문적 태도보다 반드시 낫다고 볼 수는 없다. 미국 정치사에서 항상 나타났던 포퓰리즘 현상을 되돌아보건대, 거의 모든 경우 포퓰리즘의 명확한 형태나 단점을 찾기 어렵다. 카진처럼 포퓰리즘을 더 넓은 뜻으로 해석하면 포퓰리즘이 미국 정치에서 독특한 반향을 가져왔다는 것은 명백하다. 그러나 미국 정치에 영향을 끼친 유의미한 순간이나 운동 또는 원인이라고 여길 수 있는 실제 포퓰리즘 운동에 한정한다면 포퓰리즘의 의미는 카진의 주장보다 축소될 수 있다. 카진은 미국 정치라는 렌즈를 통해 포퓰리즘을 이해하고 있지만, 포퓰리즘이라는 렌즈를 통해 미국 정치를 바라본다면 카진과는 다소 다른 포퓰리즘의 모습을 발견할 수도 있다.

국민당과 포퓰리즘 운동

1892년 오마하에서는 새로 탄생한 국민당의 대통령 선거 후보자를 지명하기 위한 전국대회가 개최되었다. 동부 금융업자들과 철도 사업자들에게 대항하기 위해 동맹을 맺은 농민층을 주축으로 풀뿌리 지역운동이 일어났고 이를 배경으로 전국 규모의 정당이 등장했다. 정당정치로 발돋움하는 것이 급진적 농민운동의 당연한 귀추라고 보기는 어렵지만, 이는 포퓰리즘 정치에서 눈여겨봐야 할 독특한 점이다. 농민들이 주축이 된 국민당은 결국 실패로 돌아갔다. 국민당은 민주당과 공화당의 양당 체제를 극복하지 못했다. 그러나 국민당과 19세기 미국 포퓰리즘 운동에 대한 기록은 미국의 포퓰리즘 현상 전반을 이해하는 핵심 열쇠다. 오마하에서 국민당은 대통령 후보는 물론 자신들의 강령도 발표했다. 이그네이셔스 도널리Ignatius Donnelly의 열정적인 연설을 기초로 한 국민당 강령 서문에서 우리는 포퓰리즘 원칙에 대한 고전적 선언을 엿볼 수 있다.

> 우리는 우리나라가 도덕적·정치적·물질적으로 거의 파산 직전에 다다랐음을 목도하고 있다. 이미 투표소와 상·하원 의회에는 부패가 진동하고 있으며, 심지어 사법부에서도 부패의 기미가 발견되고 있다. 국민은 의기소침해 있다. 대부분의 신문사는 매수되거나 내야 할 목소리를 내지 못하고 있으며, 여론은 침묵을 강요당하고 있고, 기업은 쓰러지기 일보 직전이며, 가계는 빚으로 허덕이고 있고, 노동자들은 헐벗었으며, 토지는 소수의 자본가 집단의 손에 집중된 상태다. 인류 역사상 유례를 찾아보기 어려운 소수 거대 자본을 형성시키기 위해 우리는 피땀 어린 수많은 결실을 탈취당하고 있다. 우리의 피땀을 탈취한 자들은 우리 공화국을 업신여기고 자유를 위협하고 있다. 부정부패한 정부를 탄생시키는 수많은 요인으로 인해 우리 사회는 거지와 백만장자라는 두 개의 거대 집단으로 나뉘고 있다.
>
> 인류에 대한 거대한 음모는 유럽과 아메리카 두 대륙에서 진행 중이며, 빠른 속도로 전 세계로 확산되고 있다. 만약 여기에 제대로 대처하지 못하고 이 음모가 확산되어버린다면 끔찍한 사회가 도래하고 문명은 파괴되며 전제 권력이 등장할 것이다.
>
> 25년 이상 우리는 고통 받는 국민에게 끔찍한 범죄를 자행하면서 권력을 추구하고 도적질을 일삼는 두 거대 정당 간의 아귀다툼을 지켜봐왔다. 현존하는 끔찍한 조건을 막거나 억누르려 진지하게 노력하지 않았기 때문에 이들 두 정당을 장악하고 있는 원인이 여전히 힘을 발휘한다고 우리는 주장하고자 한다.

> 독립기념일에 모여 우리는 우리 공화국을 탄생시킨 '평범한 국민'의 손에 공화국 정부를 되돌려주고자 한다. 이 자리에서 우리는 국민당의 목적이 미국 헌법의 목적, 즉 우리 국민과 국가의 번영을 위해 더욱 완벽한 연방 국가를 수립하고, 정의를 확립하고, 국내 질서를 바로잡고, 안보를 튼튼히 하고, 기본적 복지를 증진시켜 자유를 확립하는 것과 동일하다고 선언한다(People's Party 1978: 90~92).

이 서문은 도덕적 타락, 남을 음해하는 엘리트, 일반 국민은 본질적으로 선하다는 믿음, 음모론, 배신 등과 같은 포퓰리즘의 주제를 매우 잘 보여준다. 전체적 어조와 내용 모두에서 이 서문은 포퓰리즘 지지자들의 좌절, 불안, 열망을 잘 보여준다. 더 구체적으로 말하자면, 이 서문은 고결한 이상에서 점점 멀어져가면서 퇴보하는 미국이 애초의 이상과 가능성으로 되돌아가야 한다고 제시하고 있다. 이 서문은 미국식 포퓰리즘의 전형적인 특징을 보여주고 있다.

20세기 미국의 포퓰리즘 사례는 일반적인 포퓰리즘의 형태를 보여준다. 미국 포퓰리즘의 역사는 길며, 이에 대해 다양한 해석이 제시되었다. 국민당과 포퓰리즘 운동의 역사는 반동적이며 반이민주의적 양상을 보이기도 했지만(Hofstadter 1955), 정반대로 미국의 진보적 정치의 가능성을 보여주는 위대한 '민주주의적 약속'이기도 했다(Goodwyn 1976). 포퓰리즘을 어떤 식으로 바라보든 국민당의 역사는 미국 정치사에서 매우 독특한 시기다.

남북전쟁(1981~1965)의 결과로 야기된 지역적·문화적·경제적 갈등은 미국 정치를 특징짓는 항구적 기초가 되었다. 포퓰리즘은 이처럼 독특한 정치적 지형을 뚫고 성장했다. 포퓰리즘 운동이 왜 중요한지를 이해하기 위해서는 남북전쟁과 남북전쟁의 유산이라는 미국의 역사적 맥락을 이해하는 것이 중요하다.

남부가 패배한 것으로 남북전쟁이 끝난 건 아니다. 남북전쟁의 상처로 인해 남부와 북부는 지속적인 정치적 갈등 관계에 놓였다. 농촌 중심의 남부와 도시 중심의 북부 사이의 갈등은 다양한 방식으로 표출되었다. 남북전쟁은 남부 경제를 지탱하기 위한 노예제도에서 비롯되었다. 그러나 북부와 남부는 노예제를 둘러싼 갈등을 넘어선 일련의 차이로 서로 구분되었다. 첫째, 정치권력과 금융권력을 중심으로 부상한 도시 위주의 북부와 면화 산업을 중심으로 독특한 가치와 문화를 보유한 농촌 위주의 남부는 확연하게 갈렸다. 애초에 포퓰리즘 운동은 남부 지역을 기반으로 한 운동이었지만, 그 성공 여부는 포퓰리즘이 서부 지역으로 얼마나 확장될 수 있는가에 달려 있었다.

둘째, 북부와 남부는 금융 산업을 둘러싸고 대립했다. 남북전쟁으로 금융은 정치에 매우 큰 영향을 미쳤다. 남북전쟁 기간 동안 미국 하원은 국가은행 시스템을 수립했고 지폐를 발행했다. 남북전쟁이 끝난 후 미국정부가 전쟁 비용 문제를 처리하면서 화폐에 적힌 가치가 아닌 다른 무엇인가를 나타내는 지폐*를 제작하는 것이 타당한지에 대한 논

* 이 표현을 이해하기 위해서는 미국의 화폐 변천사를 이해해야 한다. 사실 달러 지폐는 위조하기 어렵게 만들어진 종이쪽지에 불과하다. 지폐가 값어치를 갖는 이유는 지폐가 어떠한 가치를 보증하고 있기 때문이다. 남북전쟁 이전의 미국 달러는 일정 중량의 금을 교환할 수 있는 증서였다. 1792년 화폐법(Coinage Act of 1972)에 따르면 1달러는 270그레인(grains, 약 17그램)의 금에 해당되었다. 하지만 남북전쟁이 발발하면서 전쟁 비용을 조달하기 위해 연방정부에서는 금으로의 교환을 보증하지 않는 현재의 미국 달러와 유사한 지폐를 발행했다. 본문에서 말하는 '화폐에 적힌 가치가 아닌 다른 무엇인가를 나타내는 지폐'란 바로 남북전쟁 기간에 제작된 지폐를 의미한다. _옮긴이

란에 봉착했다. 현금이 금 준비액과 등가여야 하는지 아니면 남북전쟁 기간과 마찬가지로 지폐로 남아야 하는지가 핵심 문제였다. 이에 대해 미 정부는 남북전쟁 기간 동안 발행된 지폐 가치와 금 준비액 가치 사이의 차이를 메꾸기 위한 경제성장을 정책 목적으로 삼았다. 이 정책으로 인해 농민은 동일한 소득을 얻기 위해 더 많은 농산물을 생산하고 판매할 수밖에 없었고, 점차 경제적 수렁에 빠지게 되었다(Goodwyn 1976: 13~14). 남부의 농민은 남북전쟁의 패자이자 경제적 위기에 허덕이는 존재였다.

셋째, 남부는 토지를, 북부는 산업을 강조하며 대립했다. 이러한 차이는 남부와 북부의 차이와도 부분적으로 연관되어 있다. 전신과 철도 시스템과 같은 산업 기반시설의 발전, 농촌을 기반으로 하는 농촌 노동력에서 도시 중심의 산업 노동력으로의 변화, 금융 및 은행업자의 권력 증대 등이 19세기 후반 미국의 정치·경제·사회를 형성한 주요 특징이다. 포퓰리즘 지지자는 노동자와의 공동 연대를 추구하기도 했다. 일리노이주와 같은 몇몇 사례를 통해 농민과 노동자의 연대가 성사되기도 했지만, 이런 사례는 많지 않았다. 대개의 경우 농민과 노동자의 연대는 기껏해야 지지부진한 수준이었고, 최악의 경우 결렬되기도 했다.

끝으로, 정당 시스템에서도 남부와 북부는 대립했다. 링컨의 당이자 북부의 정당인 공화당과 남부연합에 소속된 주들의 권리와 노예제를 옹호하는 보수적인 민주당은 정치적으로 경쟁 관계였다. 두 정당은 지역을 기반으로 정치세력을 형성했으며, 남북전쟁 이후에도 여전히 지역적 차이가 극복되지 않았다. 또한 두 정당은 화폐 문제에 대해 서로 다른 입장으로 대립하고 있었다(Ritter 1997: 34~47). 공화당은 재정적 보수주의(즉, 금본위제 유지)를 확고하게 밀어붙였다. 그러나 민주당은 지

이다. 그린백당은 인구 증가와 경제 발전에 대응하기 위한 수단으로 지폐의 사용을 주장했다. 또한 그린백당은 은행 시스템이 자신들의 이익을 침해한다고 생각했다. 그린백당의 급진주의와 이념, 지폐에 대한 강조 등은 이후 포퓰리즘 지지자를 동원하는 기반이 되었다.

순수한 포퓰리즘 형태로 지지자들이 동원되기 시작한 것은 농민운동 때부터였다. 농민연맹은 1877년에 형성된 텍사스연맹에서 그 기원을 찾을 수 있다. 농민연맹은 농민에게 자립정신을 심어주고 남부의 여러 주에 널리 퍼진 신용 유치 시스템에서 벗어나 농민 자신의 삶과 농산품에 대한 통제권을 회복시키기 위한 시도였다. 신용 유치 시스템은 농민이 경제적으로 어려운 시기에도 생계를 유지하는 수단을 구매하기 위한 방법이었다. 그러나 신용 유치 시스템에 의존하면서 농민은 비용을 치러야 했다. 농민은 다음 해 수확물을 담보로 신용대출을 해주는 상거래 회사를 위해 면화를 생산해야만 했던 것이다.

농민연맹은 농민이 상호 협동하고 자립하도록 만드는 시스템을 구축했다. 현금으로만 유통되는 협동조합이던 1870년대 그레인저 운동Granger Movement*에서도 이와 유사한 시스템을 구축했다(Goodwyn 1976: 45). 그레인저 운동은 실패로 돌아갔는데, 그 이유는 농민이 언제나 현금을 보유하지는 않았기 때문이다. 농민연맹의 경우 자영 상점을 운영하는 농민과 집단적으로 면화를 판매하는 농민을 연결시키려 했다. 이를 위해 농민연맹의 주요 인사들은 텍사스 전역을 순회하며 농민 하부

---

* 'granger'는 농민을 뜻한다. 그레인저 운동은 미국 중서부와 남부를 중심으로 전개되었다. 농산물 운송 시스템의 독점 관행에 반대하며 등장한 농민 중심의 자발적 운동이었으며, 이후 포퓰리즘 등장에 결정적으로 기여했다. _옮긴이

조직을 구축했다. 농민연맹은 농민 사이의 동료의식을 북돋우고 정치적 비판을 수행했으며, 개별적 및 집단적 농민이 초기 포퓰리즘 세력으로 나아갈 수 있는 환경을 실질적으로 창출했다.

텍사스의 농민연맹 내부에서는 더욱 강력한 정치 성향을 보여야 할 것인지를 두고 논쟁이 벌어졌다. 그러나 1884년에 이르자 결국 협동조합 운동에서 정치적 운동으로 변화하기 시작했다. 농민연맹은 은행 및 금융 시스템, 철도, 투기 자본 등을 비판했고, 운송노조와 협동조합에 협력을 요청했으며, 그린백당의 이념을 강조했다(Goodwyn 1976: 79~81). 농민연맹은 노동자 대표단으로 노동기사단Knights of Labor과 정치적 동맹을 추구하기도 했다.

농민연맹의 활동은 텍사스를 넘어 미국 남부와 서부의 다른 지역으로 퍼져가기 시작했다. 농민연맹의 농민 활동가들은 조직원 충원과 교육 사업을 수행했다. 이들은 농민에게 민주적 지역 조직(하부 농민연맹)을 어떻게 구축해야 하는지, 그리고 중앙집중화된 구매와 판매 조직의 연맹 시스템을 어떻게 연결해야 하는지 교육했다(Goodwyn 1976: 91). 1887년이 되면서 농민연맹은 전국 조직으로 성장했고 면화 구매와 판매를 위한 협동조합으로 자리매김하면서 농민을 얽어맸던 기존의 신용유치 시스템을 능가하게 되었다.

농민연맹 운동이 확산되면서 농민은 철도와 동부의 은행들이 자신들을 체계적으로 기만하며 자신들이 감당하기 어려운 이자를 부여해 옭아매는 시스템의 핵심 기관이라고 인식하게 되었다. 농민의 관점에서 볼 때 철도 시스템은 농산품을 전국적으로 판매할 수 있는 기회를 제공해야 한다. 그러나 높은 운송비용으로 인해 철도를 이용한 농산품 판매로는 이익을 얻기 힘들다고 느낄 수밖에 없었다. 또한 농민 입장에서 볼 때 인구 및 경제 규모가 증가함에도 불구하고 금태환 화폐를 고정시키는 은행 시스템은 더 많은 농산품을 팔아야 현상 유지가 가능한 상황으로 농민들을 몰고 가는 것이었다(Goodwyn 1976: 115). 농민연맹 운동은 일부 농민에게는 실질적인 해결책이었다. 그러나 최종적으로 보자면 농민연맹 운동은 농민들이 이러한 문제들을 야기한 일차적 조건에 대해 정치적 비판을 제기해야 한다는 집단의식을 갖는 계기가 되었다.

1889년이 되면서 농민연맹의 주요 인사인 찰스 매큔Charles Macune은 준재정 정책을 제시하기도 했다. 지역 수준에서 모든 농민이 협동조합을 건설할 수 있도록 제안한 이 정책은 혁신적이며 급진적이었다. 이 정책은 농민이 협동조합을 통해 다음 해의 수요에 해당하는 신용을 확보하면 농민연맹의 유통 시스템을 통해 확보된 면화시장에 그 농민이 유통하기 원했던 만큼의 신용 서비스를 제공해주는 방식이었다(Goodwyn 1976: 127). 이러한 준재정 정책에 기반을 둔 농민연맹에 은행이 금융 대출을 거부하자 매큔은 통화 시스템에서 실질적으로 사용 가능한 법정 지폐treasury note라는 정책을 제안했다. 이러한 매큔의 정책은 은행들의 이해관계와 대립되는 재정 시스템을 농민들에게 제시하면서 농민연맹 운동을 기반으로 한 그린백당의 이념으로 이어졌다. 1889년이 되자 농민의 협동조합 활동은 은행과 대립했고 텍사스 면화 유통 시장은 붕괴되었다(Goodwyn 1976: 145~146).

텍사스 농민연맹은 농민연맹의 핵심이었지만 동시에 농민연맹의 한 지부에 불과했다. 급진적 농민운동은 텍사스 지역을 넘어 다른 지역으로 확산되었다. 일리노이, 다코타, 미네소타, 캔자스 등의 농민도 협동조합 연맹을 결성했다. 1890년 캔자스에서 결성된 국민당은 선거에서도 상당한 성공을 거두었다(Nugent 1963: 91). 그러나 남부 농민연맹의 상황은 달랐다. 1890년 플로리다 오칼라에서 남부 농민연맹은 민주당과 공화당을 위협할 수 있는 제3당의 가능성을 내보였음에도 남부 농민연맹 구성원이 민주당과 강력한 결속을 맺고 있었기 때문에 제3당으로 발전할 가능성은 배제되었다. 하지만 1892년 세인트루이스에서 개최된 연맹모임으로 인해 상황은 급변했다. 국민당이 결성되었으며, 이그네이셔스 도널리의 열정적인 연설은 국민당 정강의 서문으로 채택되었다. 국민당은 1892년 독립기념일에 국민당의 첫 대통령 후보를 지명했고* 국민당 정강의 전문은 '오마하 강령Omaha Platform'이 되었다.

오마하 강령은 포퓰리즘 운동의 시금석이었다. 국민당 정강의 전문은 금융, 운송, 토지 세 부분을 다루고 있다. 오마하 강령의 금융 정책은 국가 통제의 통화 정책, 은행 사기업과의 분리, 국민의 소득이 안전하게 보관될 수 있는 정부 통제의 우체국 은행 등을 주장했다. 오마하 강령에서는 '자유롭고 무한한 금통화와 은통화'를 주장했는데, 이는 금태환 정책의 포기를 의미하는 것이었다. 또한 과세 제한과 진보적인 소득세 신설도 요구했다. 운송의 경우 철도를 정부가 소유하고 운영해야 한다고 주장했다. 끝으로, 오마하 강령에서는 토지를 국민들의 부의 원천이자 국민의 유산으로 정의하고, 외국인의 투기나 투자로부터 토지를 보호해야 하며 철도와 기타 운송 기업이 '실효적 필요성 없이' 보유하고 있는 토지는 정부로 반환한 후 해당 지역의 정착민이 사용하도록 해야 한다고 주장했다. 오마하 강령의 이 세 가지 요구 외에 다른 결의

---

* 1892년에 국민당 대통령 후보로 지명된 인물은 제임스 위버(James Weaver)였다. 이그네이셔스 도널리는 1900년에 국민당 대통령 후보로 지명되었다. _옮긴이

안도 있었지만, 기타 결의안은 국민당의 이념을 명확하게 보여주지 못했다. 이들 결의안에는 비밀투표, 세제 개혁, 이민 규제, 국민발의와 국민투표, 대통령과 부통령의 임기 제한, 상원의원의 직접선거 등이 포함되었다(People's Party 1978: 90~96).

오마하 강령으로 국민당은 전국적으로 제3당으로서의 지위를 얻게 되었지만, 국민당 출범을 가능하게 했던 농민운동의 특성 때문에 그 위세는 약해졌다. 농민운동 참여자들은 서로 이질적이었다. 국민당 지도부는 국민당의 정치적 성공을 달성하고 지역구 유권자를 달래기 위해 각 주 단위로 복잡한 협상 과정을 거쳐야만 했다. 이 때문에 국민당 리더십은 주별로 특징이 다를 수밖에 없었으며, 국민당의 기반이 되는 농민연맹을 모든 면에서 대표하는 것은 불가능했다(Goodwyn 1976: 312). 대통령 후보를 지명하기 위한 회합에서 국민당은 과거 북부군 장군을 후보로 선택했다.

1892년 선거에서 국민당 후보로 지명된 제임스 위버James Weaver 장군은 약 100만 표를 얻었지만, 민주당 후보였던 그로버 클리브랜드가 대통령에 당선되었다. 당시 선거는 국민당에 절호의 기회였지만 국민당에 중요한 의미를 가졌던 협동 체제를 완성시키지는 못했다. 협동 체제를 형성하는 것은 국민당의 운명을 결정짓는 것으로 농민연맹 운동의 향방에 매우 중요한 영향을 끼쳤다. 왜냐하면 협동 체제를 형성하는 것은 국민당을 전국적 기구로 발돋움시키고 준재정 정책을 실현시킬 수 있는 유일한 방법이었기 때문이다. 몇몇 국민당 출신 의원이 하원에 준재정 정책의 입안을 시도했지만, 호응하는 의원 수가 적어서 민주당과 공화당으로 견고하게 구성된 국가적 정치의 장벽을 무너뜨리지는 못했다.

민주당이 금은본위제 입장을 취함에 따라 국민당은 조직 내부의 문제에 부닥쳤을 뿐 아니라 정치 변화의 소용돌이에도 빠지게 되었다. 금은본위제를 주장한 윌리엄 제닝스 브라이언William Jennings Bryan은 1896년 대선에서 민주당 대통령 후보로 지명되었다. 이 기간 금은본위제를 주장하는 민주당 및 공화당 소속 정치인과의 연대를 두고 국민당 내부는 분열했다. 기존 정당 정치인과 연대하기 위해서는 국민당 강령이 금은본위제로만 축소되어야 했는데, 그러면 오마하 강령을 충실히 실현하기가 불가능하기 때문이었다. 다른 정당과의 연대 가능성이 제기되자 농민적 급진주의 입장을 고수하는 구성원들은 끈질기고 격렬하게 반대했다. 민주당이 대통령 후보로 브라이언을 지명하자 금은본위제를 주장하는 국민당 당원은 브라이언을 국민당의 대통령 후보로도 지명해야 한다고 주장했다. 이들의 목소리는 1896년 세인트루이스 전당대회를 압도했으며, 결국 민주당 후보였던 브라이언이 국민당 대통령 후보로 지명되었다. 브라이언과 민주당원들은 이를 두고 심사숙고했으며 결국 국민당의 대통령 후보 지명을 수락했다.

장고를 거친 브라이언은 민주당 강령을 기반으로 전직 금융 및 은행업 종사자였던 부통령 후보자*와 협의한 후 국민당의 후보 지명을 수락했다. 그러나 브라이언은 대통령 선거에서 패배했고, 이로 인해 국민당은 붕괴되었다. 국민당이 브라이언을 포퓰리즘 후보자로 받아들임에 따라 국민당은 오마하 강령에서 구체화된 핵심적인 이념에 대한 지

* 당시 대선의 부통령 후보자는 아서 수얼(Arthur Sewall, 1835~1900)이었다. 수얼은 철도회사의 중역과 은행장을 역임한 인물이었다. 앞에서 언급한 것처럼 국민당은 철도 기업과 은행업자에 대해 매우 비판적이었기 때문에 당시 대통령 후보였던 브라이언은 국민당의 후보 지명을 쉽게 수락할 수 없었다. _옮긴이

지층의 지지를 받지 못했다. 국민당은 금은본위제라는 단일 이슈에 대한 타협을 시도하면서 민주당과 대등하지 못한 입장에서 연합했다. 이는 민주당에는 도움이 되었을지 몰라도 국민당에는 치명적이었다. 브라이언의 대선 패배는 미국 정치에서 독립적 영향력을 행사할 수 있는 집단으로서의 국민당과 포퓰리즘 세력에 조종弔鐘이나 마찬가지였다. 이러한 국민당의 경험을 통해 포퓰리즘의 핵심 특징을 살펴볼 수 있다. 물론 국민당과 포퓰리즘 운동의 실패가 미국 정치에서 포퓰리즘 이념의 종말을 의미하지는 않는다. 포퓰리즘 이념은 미국 역사에서 어조와 표현이 유지되는 것은 물론, 국민당 이후의 포퓰리즘 운동에서도 지속적으로 등장하고 있다. 19세기 후반 국민당의 운명은 포퓰리즘 운동에서 반복적으로 관측되는 특징이 무엇인지를 명확히 보여준다. 민주당 후보인 브라이언을 지지했던 데서 명확하게 나타나듯 포퓰리즘 운동은 제도권 정치에 몸담는 것에 대한 양가감정을 갖고 있다. 이 양가감정은 포퓰리즘 운동의 동원 방식에 결정적인 약점으로 작용한다. 기성 정치권의 일부로 참여하는 것은 분열되고 산만한, 그리고 다원적인 포퓰리즘 운동이 처한 여러 조직화 문제를 피해갈 수 있다는 장점이 있지만, 동시에 독립적인 사회세력으로 자립하기 어렵게 만든다는 단점도 안고 있다.

국민당은 남북전쟁 이후 미국 정치의 주요 쟁점을 둘러싸고 결성된 정당이다. 국민당은 한편으로는 포퓰리즘 운동의 추진세력이었으나, 다른 한편으로 보면 포퓰리즘 운동과 국민당이라는 존재 자체는 기존 정당이 농촌에 거주하는 일반 미국 시민의 관심사와 크게 동떨어져 있었음을 보여준다. 일반 미국 농민은 좁게는 정당 시스템에서, 넓게는 미국 정치에서 소외된 존재였다. 다른 한편으로 농민은 스스로 세력화를 이루고 대중운동을 주도하기에 적절치 않은 존재였다. 포퓰리즘 운동과 국민당의 역사는 지역적·이념적·종파적 갈등을 여실히 보여주었다. 국민당은 내적으로 분열되었으며 유동적인 정치적 정체성을 배경으로 창당되었다. 미국의 농촌 공동체라는 마음속 이상향과 농민의 소박한 상식을 유지하면서 포퓰리즘 운동을 지속하는 것은 너무 힘겨운 일이었으며, 결국 국민당은 정당정치로, 정치적 타협의 길로, 최종적으로는 정치적 모호함 속으로 빠져들고 말았다.

미국 포퓰리즘 운동은 진정한 의미의 대중적 운동이었다. 역사상 다른 국가의 포퓰리즘 운동과 비교할 때 미국 포퓰리즘의 주역이 카리스마 있는 특정 개인의 리더십과 무관하다는 것은 명백하다. 대중적 호소력을 지녔던 지도자도 있었으나 이들의 영향력은 더욱 넓은 의미의 포퓰리즘 운동과는 크게 상관이 없었다. 벌린 등(Berlin et al. 1968: 143)은 미국 포퓰리즘 운동에는 위대한 이론가가 없었다고 말한다. 또한 로렌스 굿윈Lawrence Goodwyn(Goodwyn, 1976: 310)은 경제적 협력이라는 이상에 기반을 둔 사회적 이론이 부족했던 것이 미국 포퓰리즘 운동이 실패한 이유 중 하나라고 지적한다. 대중의 참여라는 포퓰리즘 운동의 특징은 제도화와 이념적으로 맞지 않았다. 지역 수준과 국가 수준 간 포퓰리즘 운동의 차이로 인해 결정적인 순간 포퓰리즘 운동은 이념적 열정을 현실화시키기보다 정치적 타협을 취했다. 남부의 포퓰리즘 지지자는 남부의 정당인 민주당을 추종했던 반면, 캔자스의 포퓰리즘 지지자를 중심으로 한 서부의 포퓰리즘 지지자는 농민을 역사의 주역으로 끌어올릴 수 있는 실질적인 제3당의 세력화를 추구했다.

농민이 포퓰리즘 운동에 뛰어든 이유는 경제적 위기감을 느꼈기 때문이다. 농민이 느낀 위기는 바로 농사를 통해 삶을 유지하기가 어려워졌다는 것이었다. 농민연맹은 직접적 수단*을 통해 위기에서 벗어나는 방법을 시도했지만, 금융기구가 신생협동조합에 신용대출을 거부하는 등의 다양한 이유로 인해 농민연맹의 시도는 좌절되었다. 농민연맹의 시도가 좌절된 것과 아울러 사회 전반의 재정 위기, 은행업자에게만 유리한 현금 유동성도 문제였으며, 철도 회사와 토지 투기꾼 역시 농민에게는 악마의 위협과 다를 바 없었다. 남북전쟁 이후 정치 지형의 변화로 제도권 정당 시스템이 남부와 서부의 급진적인 농민의 우려를 덜어줄 수 없게 되면서 위기감은 더욱 심해졌다.

이러한 어려움에 직면한 포퓰리즘 지지자는 미국의 농촌 공동체와 마음속 이상향이라는 관념에 호소했다. 이러한 관념들은 건국 초기의 관념, 즉 미국 혁명이 생산적이고 성실한 시민이자 자치 의식에 충만한 농민 공동체를 탄생시켰다는 관념에 따른 농민의 이미지에 부합했다. 미국의 포퓰리즘 지지자에게 국민에 대한 신념은 추상적인 형태로 나타나지 않았다. 매큔의 준재정 정책은 신뢰와 협동을 기반으로 한 농민들을 연결하는 것이었다. 협동조합 프로젝트는 마음속 이상향이라는 가치를 실제의 정치적 프로젝트로 실현시키려는 시도였다. 이러한 시도는 정치적 정당보다는 협동조합 운동을 통해 달성되기가 더 쉬웠다.

미국 포퓰리즘 운동의 독특한 점은 기존 제도에 대한 반감이 일부에 국한되었다는 사실인데, 이는 포퓰리즘 운동이 농민연맹에 기원을 두고 있었기 때문이다. 포퓰리즘 지지자가 금융제도와 지역의 경제제도에 비판적이었던 것은 사실이다. 그러나 포퓰리즘 지지자는 이를 대체할 수

* 협동조합을 설립하고 운영한 것을 뜻한다. _옮긴이

있는 일련의 복잡하고 대안적인 제도를 수립하고자 시도했다. 이러한 대안적 제도에 문제가 없었던 것은 아니지만, 복잡한 제도를 수립하려 시도했다는 점은 다른 포퓰리즘 운동에서는 볼 수 없는 독특한 점이다.

국민당의 유산은 두 가지다. 첫째, 양당 체제에서 벗어난 독립세력으로서의 포퓰리즘을 정립하려는 시도가 거의 성공했으며, 바로 이 점은 이후 양당 정치체제가 재배치되는 데 결정적인 영향을 미쳤다(Burnham 1970). 기존의 양당 체제가 여전히 유지되었음에도 불구하고 이 정당들은 유권자 집단과 이념적 지형이 새롭게 재배치된 정당으로 거듭났다. 이로써 루스벨트의 뉴딜정책이 상징하듯 미국의 전반적인 정치 의제가 변화되었다. 포퓰리즘은 변화를 선도하는 기수 역할을 했다.

둘째, 국민당은 당시의 정치 문화에 맞는 정치적 환경을 수립하는 데 도움을 주었다. 혁명 대신 개혁을 선호하는 한계를 보이기는 했지만, 포퓰리즘의 급진주의를 억눌렀던 미국의 포퓰리즘은 미국의 정치적 환경에서 매우 효과적으로 작동했다. 미국 내 모든 정치 담론의 기반을 이루는 미국주의로 인해 개혁주의자는 포퓰리즘적 정치 행태를 보이는 데 아무런 방해를 받지 않았음은 물론, 심지어 포퓰리즘이 권장되기도 했다.

휴이 롱과 조지 월러스

루이지애나주의 가장 유명한 인물인 휴이 롱은 1893년 윈 지역에서 태어났다. 그가 태어난 시기와 장소는 매우 중요하다. 그가 태어나기 2년 전, 민주당과 공화당이 좌우하는 정치가 아닌 대안적 정치를 시도하기 위해 농민을 대변하는 사람들이 한데 모여 신시내티에서 전당대회를 열었는데, 그 자리에 윈 지역의 대표자가 참석했다. 윈 지역 대표는 1531명의 성인 지역민 중 1200명의 서명을 갖고 신시내티에 도착했다(Goodwyn 1976: 334). 당시 윈 지역과 루이지애나주에서는 포퓰리즘이 널리 퍼져 있었다. 바로 이런 환경은 롱 개인이 가진 정치 성향의 상당 부분과 그가 어떻게 효과적으로 정치적 거물이 될 수 있었는지에 대한 사회적 배경을 설명해준다. 당시 미국은 경제적 불황을 겪고 있었고, 바로 그 때문에 포퓰리즘 운동은 사람들에게 호소력 있게 받아들여졌다. 롱은 포퓰리즘 정치가였지만 민주당을 무대로 자신의 포퓰리즘 정치를 시도했다.

롱은 농민 중심의 포퓰리즘 운동과는 거리를 두면서 민주당에 입당했다. 정치인 초년 시절부터 롱은 경제적 부의 집중과 사회적 조건, 특히 교육의 불평등에 저항했다(Long 1933: 37~39). 롱은 월스트리트와 스탠더드오일 같은 대기업을 비판했으며, 선거 캠페인에서는 도로 건설과 교육 투자를 강조했다. 또한 그는 어린아이에게 더 많은 교과서를 제공해야 하며 정신박약 아동에게는 더 나은 시설을 제공해야 한다고 주장했다(Hair 1991: 151). 선거에 당선된 후 롱은 교과서를 무료로 제공하는 법안을 밀어붙였고, 도로와 교량 건설을 위한 채권 발행에 앞장섰다(Hair 1991: 62). 성인 문맹률을 줄이기 위해 야학을 개설하기도 했다(Hair 1991: 228). 루이지애나 상원의원으로서 롱은 '부의 공평한 분배를 위한 모임Share Our Wealth Society'을 통해 일정 수준 이상의 부에 대해서는 제한을 가했으며, 가난한 사람에게 기본적인 소득수준을 보장하는 부의 재분배를 위해 야심찬 계획을 진행했다.

롱은 거대한 풍채와 열정을 지닌 사람이었는데, 이는 그가 권력을 운영한 방식에서 잘 드러난다. 그는 상대를 회유하고 협박하고 거래하면서 위협을 가했으며, 때때로 자신의 목적을 달성하는 데 필요한 법안을 통과시키기 위해서는 폭력을 행사하는 것도 서슴지 않았다. 선거 과정에서 롱은 루이지애나주의 가장 중요한 현안을 둘러싼 내부 분열을 교묘하게 이용하기도 했다. 롱은 인종주의와 반가톨릭주의를 주장하는 KKKKu-Klux-Klan 지지자들의 지지를 확보하기 위해 노력했으며, 동시에 KKK에 반대했던 수많은 가톨릭 신자를 소외시키지 않기 위해 노력했다(Hair 1991: 128~155). 롱은 또한 남부의 흑백 분리를 강화시키는 법안에 서명했다(Hair 1991: 165). 롱은 자신이 흑인과 한통속으로 보이는 것에 대해 경계했으며, 흑인과 관련된 정치적 반대자를 희생양으로 삼으려는 극단적인 시도를 취하기도 했다(Hair 1991: 223). 롱은 빈민층에 관심을 갖고 있었지만 루이지애나의 흑인을 위해 일을 한 적은 없었다. 실제로 롱이 주지사직을 마칠 때는 흑인과 백인의 교육수준 격차가 더욱 심해졌다(Hair 1991: 228). 롱은 지지자의 의견에 따라 자신의 말을 바꾼 적이 없었다. 그는 죽기 전까지(롱은 1935년에 암살당했다) 독재자라고 불릴 정도로 루이지애나주의 권력을 자신에게 집중시켰다. 롱은 독재자라는 비판에 대해 자신이 국민의 이익에 봉사하는 한 자신은 독재자일 수가 없다고 반박했다(Hair 1991: 294).

롱은 정치 인생 내내 서민적 이미지를 고수했으며, 유권자들에게 성이 아닌 이름으로 불리길 바랐다(Hair 1991: 201). 상원의원이었을 때는 의회의 예의범절을 무시했고, 상원의원의 미망인이던 캐러웨이 부인*

* 해티 캐러웨이(Hattie Caraway, 1878~1950)는 미국 역사상 여성으로서 선거에서 당선된 최초의 상원의원(아칸소주, 1931~1945)이다. 1931년 그녀의 남편인 새디어스 캐러웨이(Thaddeus Caraway) 상원의원이 세상을 떠나자 남편의 자리를 이어받았으며, 1932년 선거에서 휴이 롱의 선거 지원을 받아 아칸소 상원의원에 당선되었다. 캐러웨이는 미망인에

을 미국 역사상 최초의 여성 상원의원으로 당선시키는 기적을 만드는데 노력했다(Hair 1991: 247~248). 롱의 패션 스타일은 롱의 말만큼이나 화려했다. 롱이 고상하다고 알려진 상원의원은 물론 다른 상원의원에게도 물리적 폭력을 행사하겠다는 식으로 협박했다는 것은 놀라운 일이 아닐지도 모른다. 롱은 성경에 대해서는 많이 알고 있었으나 경제학과 관련된 지식은 매우 부족했다(Hair 1991: 271).

남부의 포퓰리즘은 1950년과 1960년대에 다시 등장했다. 1963년 앨라배마 주지사로 조지 월러스가 당선되면서, 월러스의 표현을 빌면 "학교, 고속도로, 감옥, 세금 등에 대해 발언권을 갖는" 포퓰리스트 정치인이 다시 권력을 잡게 되었다. 월러스가 전국적으로 유명세를 얻으면서 그는 인종 문제의 파급력을 깨닫게 되었다. 반연방, 그리고 반흑인 감정을 자극하는 선거 캠페인으로 앨라배마 주지사로 당선된 후 월러스는 취임 연설에서 "현재도 분리, …… 미래도 분리, …… 그리고 언제나 분리"*라고 선언했다. 월러스는 인종분리 이념을 옹호했으며 시민권에 대해 반대하는 입장을 고수했다. 1963년 월러스는 터스컬루사의 앨

대한 동정심을 자극하는 선거 전략으로 유권자들의 표심을 자극해 당선되었다고 알려져 있다. _옮긴이

* 원문은 "Segregation now …… segregation tomorrow …… segregation forever"다. 여기서 '분리(segregation)'는 이중적 의미를 갖고 있다. 첫째, 연방과 주정부의 분리다. 즉, 주민들의 삶에 대한 연방정부의 영향을 줄여야 한다는 반연방적 입장을 강조한 것이다. 둘째, 백인과 흑인의 분리다. 앨라배마주는 남북전쟁 당시 흑인노예제도 유지를 주장했던 남부연맹의 소속이었으며, 노예제 철폐 후에도 흑인에 대한 사회적 차별이 당연하게 여겨지던 주였다. 흑백차별과 흑백분리를 동시에 주장한 이른바 '분리평등(separate but equal)' 정책이 사회적으로 논란이 된 시기가 바로 월러스가 활동하던 1950~1960년대다. 참고로 분리평등 정책은 1954년 브라운 대 교육위원회(Brown vs. Board of Education) 판결을 계기로 미국사회에서 폐기되기 시작했지만, 일부 백인의 백인우월 의식은 여전히 미국 사회에 잔존해 있다. 일례로 트럼프 대통령의 열성 지지층을 들 수 있다. _옮긴이

라배마대학 정문 앞에 서서 개교 최초로 입학하려는 흑인 학생들을 막기도 했다. 당시 케네디 행정부가 월러스의 이런 시도를 제지한 뒤에야 두 명의 흑인 학생이 앨라배마대학에 입학할 수 있었다. 터스컬루사에서는 물러서야 했지만, 남부의 포퓰리즘 지지자는 워싱턴에 있는 케네디 행정부에 의해 제지당한 월러스에게 환호했다.

전직 권투선수여서 그랬는지 모르지만, 월러스는 호전적이고 과장된 정치 스타일을 추구했다. 그는 평범한 사람의 이미지를 갖추었는데, 올백머리에 싸구려 옷을 즐겨 입고, 컨트리뮤직을 좋아하며, '모든 음식에 케첩을 뿌려'* 먹었다(Kazin 1995: 235). 월러스는 주지사가 되기 전인 1947년 하원의원에 당선되면서 전국적인 지명도를 얻기 시작했다. 월러스는 남부의 정당인 민주당을 기반으로 자신의 경력을 일구었다. 그러나 민주당은 동부의 진보적인 정치 집단을 대변하기 시작했다. 월러스는 1964년 일련의 민주당 대통령 후보 경선을 거쳤으나 1968년 별도의 정당을 설립해 제3당의 대통령 후보로 나섰다. 신생 정당은 월러스의 정당에 불과했다. 이 정당은 사회보장제도 강화, 의료 서비스 개선, 노조 권리의 강화와 민권이라는 연방정부의 의제들에 반대하는 인종주의를 강령으로 채택했다(Lipset and Raab 1971: 346~348). 이를 통해 월러스는 13.5%를 득표했으며 남부의 다섯 개 주에서 승리를 거머쥐었다.

1960년대 월러스의 정치에는 세 가지 요소가 섞여 있었다. 가장 잘 알려진 요소는 인종분리 및 명확하게 표출된 인종정치다. 둘째 요소는 기성 제도에 대한 불신이다. 월러스는 은행과 부유층에 대한 적대감을

---

* 서민적인 취향을 강조하기 위한 표현이다. 하지만 모든 음식에 케첩을 뿌린다는 것은 한편으로는 고급 음식에 대한 취향이 부족하다는 것을 의미하기도 한다. _옮긴이

새롭게 등장하던 진보적 정치체제에도 확대 적용했다. 월러스는 관료, 이론가, 가짜 지식인pseudo-intellectuals에 대해 자주 분노를 터뜨렸다. 셋째 요소는 비주류에 대한 옹호였다. 이는 주정부가 동의하지 않는 정책을 강제하는 연방정부에 대한 불만이었다. 그러나 월러스는 자신의 지지자인 남부의 백인 농민들에게 이로운 세금 개혁에 대해서는 찬성했다 (Lesher 1994: 476).

월러스의 정치를 이해하기 위해서는 1960년대 미국의 정치 상황을 이해하는 것이 필수적이다. 월러스가 정치적 열정을 드러낸 대부분의 정치 행동의 목적은 변화에 직면했던 자신의 지지자들을 보호하는 것이었다. 주정부의 권리에 대한 월러스의 주장은 예전부터 존재했던 앨라배마 주민의 마음속 이상향(어쩌면 앨라배마 백인 농촌 거주자들이 꿈꾸던 모습)에 대한 애정에서 잘 드러난다. 변화는 이러한 마음속 이상향을 위협하고 있었다. 이러한 변화는 연방정부와 사회적 민권운동, 더 넓게는 새로운 진보세력의 등장에 따른 것이었다. 월러스의 반동적 포퓰리즘은 새로운 사회운동이라는 도전에 대한 응전이었다. 월러스는 미국사회에 등장한 새로운 진보세력의 도전에 직면해 기존의 마음속 이상향을 지키기 위해 투쟁했던 것이다.

1968년 대통령직에 도전한 후 월러스는 앨라배마 주지사에 다시 도전했고, 1970년 다시금 주지사가 되었다. 일단 주지사가 된 후에는 인종정치와 거리를 두기 시작했으며(Lesher 1994: 457), 민주당으로 복당해 1972년 민주당 대통령 후보 경선에 참여했다. 월러스는 메릴랜드에서 피격 당해 휠체어 신세를 지게 되면서 1972년 경선에서 물러났다. 피격된 그 다음날 메릴랜드 전당대회에서 승리를 거두었지만, 민주당의 대통령 후보로는 지명되지 못했다. 월러스는 앨라배마에서 흑인의 지지를 얻는 데 성공해 앨라배마 주지사를 연임했고, 1976년 대통령 후보 경선에 참여했다. 1982년 월러스는 흑인에 대한 자신의 과거 행동을 공개적으로 사과했다(Lesher 1994: 501).

월러스의 정치적 입장의 변화는 미국의 인종정치와 포퓰리즘의 관계가 어떠한지를 잘 보여준다. 1890년대 국민당이 인종 문제에 대해 매우 모호한 입장을 보여주었듯(Hofstadter 1955; Goodwyn 1976), 월러스의 입장 변화 역시 모호하기는 마찬가지였다. 포퓰리즘은 포퓰리즘이 등장하는 상황에 따라 달라지기 때문에 상황이 바뀌면 포퓰리즘의 형태도 바뀐다. 또한 포퓰리즘 자체에는 인종주의가 존재하지 않는다. 포퓰리즘은 누가 포퓰리즘에 포함되는가보다 누가 포퓰리즘에서 배제되는가로 포퓰리즘 지지자가 형성되는 배제의 정치politics of exclusion를 통해 실행된다. 월러스는 앨라배마를 신을 경외하는 농촌이라는 이미지로 형상화했고 이 마음속 이상향을 지키려 노력했다. 역사적으로 이 마음속 이상향에는 흑인이 살지 않았기 때문에 월러스의 포퓰리즘은 과거를 기반으로 구축된 마음속 이상향을 지키기 위해 흑인을 배제할 수밖에 없었다.

1968년부터 1982년 사이 미국 정치 상황의 변화는 두 가지 형태로 나타났다. 첫째, 민권이 입법부·사법부·행정부 모두에서 제도화되었으며, 사회적으로 인종 구분은 약화되었다. 둘째, 닉슨, 카터, 레이건 대통령 모두가 대통령 당선을 위해 순화된 형태의 포퓰리즘 전략을 사용했다. 닉슨은 언론과 동부의 기성 체제에 대해 적대감을 드러냈으며, 이는 스스로를 정치적 아웃사이더라고 자부했던 지미 카터의 선거 캠페인에서도 그대로 반복되었다. 레이건은 반지성주의와 전통적 상식을 강조했다. 포퓰리즘이 미국 대통령 선거에서 반복적으로 등장하면서 월러스의 무기였던 포퓰리즘은 더 이상 효과를 발휘하기가 어려워졌다.

현대 미국 정치의 포퓰리즘

1992년 로스 페로Ross Perot가 제3의 후보로 대통령 선거에 뛰어들었다. 텍사스의 백만장자 기업인인 페로는 전형적인 반엘리트주의 포퓰리스트 정치인이라고 보기 어렵다. 그러나 페로의 선거 캠페인 방식과 내용을 살펴보면 미국 정치에서 포퓰리즘이 끈질기게 유지되고 있다는 사실을 쉽게 알아챌 수 있다. 페로는 유효 득표수의 약 1/5을 얻었는데, 제3의 후보로서 이러한 성과를 거둔 것은 80년 만의 일이었다.

페로의 선거 캠페인에는 기성 정당과 정치인에 대한 절망이 잘 드러나 있었다. 교회 설교식의 단순한 수사법에 분노를 섞는 방식을 사용해 페로는 정치라는 '사업'에 일반인의 상식을 접목시킨, 사업가적 성격을 띠는 설득 전략을 택했다. 페로는 국가 부채 문제를 강조했으며, 이를 해결하기 위한 정책의 필요성을 역설했다. 이는 페로가 정치인들이 의도적으로 회피하는 이슈를 해결하기 위해 가계 및 기업에 대한 일반인의 상식을 상기시키는 방식을 효과적으로 활용했음을 잘 보여준다. 페로는 미국이 국제 문제에 신경을 덜 써야 한다고 주장했으며, 정치인에 대한 임기 제한이 왜 중요한지를 강조했다. 페로가 제기한 이슈와 그의 캠페인 방식은 제도권 정치를 불신하고 민주당과 공화당에 실망한 유권자들의 마음을 얻는 데 성공했다. 그러나 더 중요한 것은 제도권 정치를 불신하고 민주당과 공화당에 실망했던 유권자들이 이전부터 존재하고 있었다는 사실이다(Gold 1995: 763~764; McCann et al. 1999: 25).

페로는 자신이 대통령 후보로 나서고 싶지 않았지만 나설 수밖에 없었다고 주장했다. 페로는 여론조사에서 페로를 지지하는 사람들의 수가 충분히 확보된 후 텔레비전 인터뷰를 했고 그 이후에야 대통령 후보로 나섰다. 대통령 후보로 나서길 꺼려했던 페로는 1992년 선거에서 또 다시 모습을 드러냈으나 그해 여름 갑자기 선거 캠페인 중단을 선언했다. 그러다가 얼마 지나지 않아 다시 선거에 복귀했다. 이러한 페로의 모습은 마지못해 선거에 뛰어들었다는 애초의 이미지를 강화시켰다. 즉, 본래 페로는 정치세계에 뛰어들 생각이 없었는데 기성정치가 완전히 실패했기 때문에 선거에 뛰어들었다는 사실을 강조한 것이다.

페로는 '유나이티드 위 스탠드 아메리카United We Stand America'라는 조직을 통해 자신의 메시지를 전달했다. 페로는 전형적인 포퓰리스트 어법을 사용해 민주당과 공화당에 소속감을 느끼지 못하고 전통적인 정치과정에서 배제되었다고 여기는 유권자들에게 접근했다. 전통적인 포퓰리스트 정치인의 화법에서와 같이, '유나이티드 위 스탠드 아메리카'에서 '우리We'라는 단어는 모호하면서도 마음속 이상향에 호소하는 표현이었다. 페로는 자신의 엄청난 재산을 이용해 국민적 반응을 불러일으킬 수 있는 대규모의 캠페인 조직을 결성했다.[2] 페로는 무료 전화로 캠페인 활동가들을 충원했으며, 자신의 선거 메시지를 해설식 광고*를 통해 전달했다. 페로는 연방정부가 지급하는 선거보조금 수령을 거부

---

2 실비오 베를루스코니라는 또 다른 부유한 사업가가 이탈리아에서 북부연맹이라는 포퓰리즘 정치단체를 수립한 방식과 유사한 점이 매우 많다.

* 일반적인 광고 형태가 아닌 정보를 전달하는 형태로 구성된 광고로, 대표적인 예로는 기사형식의 광고를 들 수 있다. _옮긴이

하고, 6000만 달러가 넘는 사비를 자신의 선거 캠페인에 사용했다.

1992년 대통령 선거에 사용한 페로의 사비는 충분한 값어치를 했다. 페로는 약 2000만 명의 유권자에게 지지를 받아 유효 득표수의 약 19%를 얻었다. 이는 1912년 시어도어 루스벨트의 진보당Progressive Party* 이후 가장 높은 득표 기록이었다. 이후 유나이티드 위 스탠드 아메리카는 개혁당Reform Party으로 이름을 바꾸었고, 개혁당은 미국 정치에서 비주류 정치세력이 되었다.

페로와 페로의 선거 운동은 미국의 유구한 포퓰리즘 운동에서 가장 최근에 선보인 포퓰리즘 운동이다.** 미국의 포퓰리스트 유산과 페로의 성격에서 나타나듯, 포퓰리즘 이념과 미국 문화 사이의 연관성을 배경으로 비록 잠시이지만 페로는 정치적 두각을 나타낼 수 있었다. 우리는 페로의 설득 전략이 효과를 발휘한 근원에 주목해야 한다. 현재 미국의 포퓰리즘 정치는 정치적 시스템 작동 방식에 어떤 문제가 있음을 보여준다. 이러한 문제의 근원에 대한 진단 및 해결책은 다양할 것이다. 그러나 포퓰리즘은 대의정치의 건전성을 보여주는 지표로 인식되어야만 한다.

미국은 진정한 의미에서 순수한 대중운동에 기반을 둔 풀뿌리 현상을 통해 등장한 포퓰리즘 운동을 보여주는 가장 좋은 사례다. 민주당과

---

* 1912년 선거는 민주당의 윌슨, 공화당의 윌리엄 태프트(William Taft), 진보당의 루스벨트 간 3파전이었으며, 선거 결과 윌슨이 당선되었다. 진보당의 루스벨트는 27.4%의 표를 얻어 23.2%를 획득한 공화당의 태프트를 앞서는 기염을 토했다. _옮긴이

** 이 책의 원서는 출간년도가 2000년이므로 2016년 미국 대통령 선거 당시 민주당 경선에서 돌풍을 일으킨 버니 샌더스, 그리고 공화당 후보로서 45대 대통령으로 선출된 도널드 트럼프의 사례는 고려되지 않았다. _옮긴이

공화당이라는 주류 양당 체제에 대한 제3당의 도전으로 나타난 국민당은 실제 대중 포퓰리즘 정치의 대표 사례다. 국민당은 가장 미국적인 주제를 부각시키며 부상했지만 본질적으로 포퓰리즘 성격이 강하다. 국민당은 미국 정치 면면에 등장하는 포퓰리즘이라는 주제에 부합한다(Kazin 1995). 1896년 국민당이 몰락한 후 미국의 포퓰리즘은 뚜렷한 정치적 특징을 보이지 못했다. 그러나 포퓰리즘은 20세기에 다양한 정치적 사건을 계기로 정기적으로 등장하고 있다.

미국 역사에서 포퓰리즘은 경제적·정치적 제도에 대한 사람들의 좌절감을 기반으로 등장했다. 미국의 포퓰리즘 운동은 정당 시스템 외부의 운동, 즉 외부의 저항 운동이라는 형태로 등장하는 것이 보통이다(그러나 언제나 정당 시스템 외부에서만 나타나는 것은 아니다). 기존 정치제도에 대한 불만을 배경으로 포퓰리즘 지지자는 혁신적인 형태의 정치운동을 시도했다. 국민당은 급진적인 신용조합 운동을 기반으로 풀뿌리 형태의 민주정치를 추구한 결과로 탄생했다. 롱과 월러스의 포퓰리즘은 기존 제도에 대한 반감을 정치인 개인의 리더십에 의존하는 사회운동에 담아내는 방식으로 나타났다.

국민당이 처음에 제도적 정치에의 참여를 꺼린 것, 그리고 1896년 민주당에 흡수되기로 결정한 것이 잘 보여주듯, 포퓰리즘 운동은 독립 정당을 추구하기보다 기성제도에 대한 저항과 포퓰리즘 운동 참여자의 협동에 기반을 둔 자발적 사회운동의 추구라는 근본적인 양가감정을 드러내고 있다. 월러스의 정치적 몰락과 페로의 개혁당이 선거에서 처했던 난관은 개별 포퓰리스트 정치인의 리더십이 주도적인 효과를 발휘하더라도 포퓰리즘이 독립적인 정치세력이 되는 데는 한계가 있음을 보여준다.

위기 상황이 인식될 때 포퓰리즘이 중요한 역할을 한다는 사실은 바뀌지 않고 있다. 위기의 형태는 바뀔 수 있지만, 포퓰리즘 지지자는 놀라울 만큼 일관된 모습으로 위기에 대응하고 있다. 남북전쟁 이후에는 남부와 서부의 농민에게 닥친 농업의 경제위기를 배경으로 포퓰리즘 운동이 등장했다. 20세기에는 공산주의에 대한 미국의 적대감이 전 세계로 확산되었으며 이는 냉전 시기에 절정을 이루었다. 국제적으로는 냉전, 국내적으로는 인종과 민권을 둘러싼 사회적·시민적 불안으로 인해 미국사회는 분열되었는데, 이러한 분열을 빌미로 월러스의 포퓰리즘이 불타올랐으며, 월러스는 이러한 사회적 분열을 최대한 활용한 인물이었다. 최근에는 세계화로 인해 미국에 경제적 불안감이 번졌고, 이를 계기로 페로의 포퓰리즘이 등장했다. 페로의 고립주의와 보호무역주의는 경제적 불안을 야기한 것으로 간주되는 세계 경제로부터 미국의 경제적 안정을 지켜내기 위한 움직임이었다.

미국의 경우, 마음속 이상향이라는 개념은 포퓰리즘 추종자의 수사와 사상 속에 매우 명확한 모습으로 살아있다. 생산적이며 건실한 농민 공동체라는 마음속 이상향은 19세기 포퓰리즘 운동의 핵심 이념이었다. 남북전쟁에서 패한 남부 농촌의 목소리를 표출하고 여기에 정당성을 부여했다는 것이 19세기 포퓰리즘 운동으로 얻은 중요한 결과 중 하나였다. 롱과 월러스가 남부를 정치적 기반으로 하는 남부 출신 정치인이었다는 점은 결코 우연이 아니다. 미국인의 마음속 이상향은 동부 해안가를 중심으로 국제 무역 산업에 대항하는 농업 지역의 소박한 덕목을 일관되게 표출했다. 마음속 이상향으로서 미국 전역에서 합의를 얻었던 뉴딜정책에 대한 민주당과 공화당의 연대가 깨지고 다시 갈라선 후, 페로는 워싱턴DC로 형상화된 기성 정치체제를 비판하는 선거 캠페인을 벌였다.

수많은 포퓰리즘 연구에 등장하는 미국 사례는 포퓰리즘의 전형을 보여준다. 애초에 미국의 정치 시스템은 대의정치 이념을 중심으로 정치체政治體, polity를 수립하는 것을 목적으로 했다. '건국의 아버지들founding fathers' 사이의 토론을 통해 등장한 정치 이념은 근대 민주정치의 의미를 두고 벌어진 논란의 핵심적인 부분을 다루고 있다. 포퓰리즘의 사상과 대의정치제도에 반대하는 포퓰리즘의 본능적인 반작용은 미국 정치의 토양을 형성하고 있다.

미국적 특성의 포퓰리즘, 즉 국가의 기초적 이념에 대한 무한한 존중, 평범한 사람들에게서 반복적으로 나타나는 순수의 상실에 대한 낭만적 집착 등은 포퓰리즘의 카멜레온적 특성을 잘 드러낸다. 미국의 포퓰리즘에서는 포퓰리즘의 특징보다 미국적 특징이 더 두드러지는데, 이는 포퓰리즘이 발생하는 환경에 얼마나 매몰되어 있는지를 잘 보여준다. 미국 정치의 여러 순간에 포퓰리즘은 다양한 이슈와 관련된 핵심적 지위를 차지해왔다. 미국의 포퓰리즘은 이러한 이슈가 틀지어지는 방식으로, 그리고 일부 미국 국민의 호응을 얻어내는 방식으로 언제나 미국 정치에 존재하고 있다.

04

러시아의 포퓰리즘 사례
:
국민 속으로

1873년 여름 러시아에서는 도시를 떠나 농촌으로 향하자는 청년들의 자발적 운동이 전개되었다. 이들은 대학생이었으며, 열정과 확신을 갖고 러시아의 농촌으로 향했다. 이들은 지식인의 저술과 이론가의 웅변에 고무되었고, 혁명 정신으로 구제도를 변혁해 조국을 근본적으로 개혁해야만 한다고 확신했다. 이들은 농노계급이 차르체제에 반기를 들도록 설득하고 계도시키려 했다. 무엇보다 이 젊은 대학생들은 농노 계층이 위대한 고대 러시아의 지혜를 보유하고 있으며 또한 미래의 희망이라는 믿음을 갖고 있었다.

대학생들은 알렉산드르 헤르젠Alexander Herzen*의 가르침을 따라 러시

* 알렉산드르 헤르젠(1812~1870)은 러시아의 사상가이자 소설가다. 러시아 혁명사 연구자들에 따르면 러시아 사상사는 서구파와 전통파(슬라브주의)의 대립으로 요약될 수 있다.

아의 국민 속으로 들어갔다. 그러나 대학생들의 열정은 수포로 돌아갔다. 결국 대학생들은 농노계급이 지금 당장 혁명을 일으킬 수 있는 세력이 아니라는 사실을 깨달았던 것이다. 그 후 일부는 국가를 전복하기 위한 테러리즘 활동에 주력했으나, 대다수는 여전히 러시아의 미래가 농노계급에 달려 있다는 생각을 포기하지 않았다. 이러한 대학생들의 운동과 사상은 1917년 볼셰비키 혁명으로 절정을 이룬 혁명운동의 전조로 해석되어왔다. 나로드니키narodniki라고 알려진 사상은 당시 러시아 지식계층(인텔리겐차intelligentsia)을 매혹시킨 여러 독특한 혁명 정신의 핵심 중 하나였다.

이 장에서 소개할 러시아 포퓰리즘은 독특한 중요성을 지니고 있다. 러시아의 포퓰리즘은 농촌의 삶을 낭만적으로 바라보며 이를 기반으로 포퓰리즘 운동을 진행시킨 가장 명백한 형태의 포퓰리즘 사례이기 때문이다. 이 사실은 농노의 삶을 농노가 아닌 외부인, 즉 일부 엘리트가 이상화시켰다는 점에서 명확하게 드러난다. 차르 체제의 도시 엘리트가 나로드니키가 되었으며, 도시 엘리트는 자신들이 살고 있던 공간 외부에서 자신들의 사회적 이상을 찾았다.

서구파는 러시아에 서유럽의 문물을 적극적으로 수입해야 한다고 주장했으나 전통파는 러시아 전통의 고유성을 지키는 것이 더 중요하다고 주장했다. 헤르젠은 초기에는 서구파 지식인의 면모를 지녔지만 점차 전통파적 입장을 띠었다. 특히 헤르젠은 사회주의 혁명이 자본주의를 거친 후에야 가능하다는 서구 마르크스주의 전통을 거부하면서, 러시아는 자본주의 단계를 거치지 않고 봉건주의에서 바로 사회주의로 이행할 수 있다고 주장했다. 이러한 헤르젠의 주장은 레닌을 필두로 한 볼셰비키 혁명 이념에 큰 영향을 끼쳤다. _옮긴이

러시아 포퓰리즘: 나로드니체스트보와 나로드니키

농노계급은 극심하게 착취를 당한 계급으로, 러시아 정치를 논할 때 주로 등장한다. 차르 알렉산드르 2세는 특별히 자유주의적인 군주는 아니었지만, 농노제도라는 현실을 바꿀 필요성은 인정하고 있었다. 1956년 알렉산드르 2세는 "농노가 아래에서부터 스스로를 해방시키려는 시도를 하기 전에 위에서부터 농노제도를 혁파하는 것이 낫다"라고 선언했다(Seton-Watson 1967: 335). 아래에서부터의 움직임을 선제적으로 막기 위해 알렉산드르 2세는 1861년 농노해방령을 내려 지주로부터 농노를 해방시켰으며 농노가 토지를 소유할 수 있는 권리를 인정했다. 그러나 농노는 토지를 보유할 수 있는 권리를 부여받더라도 토지를 구매할 수 있는 상황이 아니었기 때문에 농노해방령으로는 농노의 삶이 그다지 개선되지 못했다. 게다가 농사로도 생계를 유지하기가 어렵던 농노들에게 상환금은 더 큰 부담을 안겨주었다. 이 위대한 대다수의 러시아 국민에게 러시아의 미래가 달려 있지만 농노의 손에 직접 토지, 자유, 미래를 제시해줄 방법이 없다는 우려가 농노해방령을 계기로 러시아 사회에 확산되었다.

비록 농노해방령이 나로드니키가 원하는 방식으로 농노를 해방시키지는 못했지만, 나로드니키의 열정을 자극시키는 근본 원천이 되었던 것은 사실이다. 차르 시대의 러시아는 봉건제도를 기반으로 운영되었는데, 러시아 봉건제도는 토지 소유 계급의 행정 능력에 달려 있었다. 농노해방령을 통해 토지 소유 계급의 지위가 혁파되었고, 이들은 새로운 행정기구로 교체되었다. 농노의 경우 오브시치나obshchina라는 이름의 농촌 공동체 형태로 나타났다. 농촌 공동체는 이미 러시아의 농촌

문화와 전통을 기반으로 형성되어 있었다. 좁게 정의하자면, 오브시치나는 토지를 보유한 농노 집단을 의미했다. 이들은 마을의 의사결정을 내리기 위해 농노 가장이 모인 공동체인 미르mir의 일원으로 상호 부조의 전통을 갖고 있었다. 넓게 정의하자면, 오브시치나는 이상화된 평등한 농촌 공동체였다(Grant 1976: 636~637).

오브시치나라는 이상은 러시아 포퓰리즘 사상사에서 핵심적인 위치를 차지한다. 오브시치나는 전 세계에서 발견되는 혁명적 열정이 근본적으로 러시아 고유의 제도에 스며들 수 있다는 사실을 명확하게 보여주었다. 포퓰리즘 지지자에게 오브시치나가 중요했던 이유는 바로 오브시치나가 농노들의 집단적 토지 소유를 기반으로 한 자치였기 때문이다. 게다가 이러한 집단적 토지 소유는 평등주의를 강조하는 공동체 정신과 결합되어 있었다. 가장 러시아적인 오브시치나는 조직을 구성하는 방식이었으며, 동시에 더욱 중요하게는 공동체 정신이었다. 러시아 포퓰리즘에서는 농노를 퇴행적이고 반동적인 사회 집단으로 보지 않고 자유를 완성할 잠재력을 가진 존재로 보았다.

러시아에서는 '포퓰리즘'이라는 용어를 둘러싸고 논란이 계속되었다. 민족Volk이라는 독일어와 비슷한 의미를 갖는 러시아어 나로드narod를 기반으로 1860년대와 1870년대에는 민족적이며 민주적인 근원을 강조하는 새로운 용어가 등장했다(Pipes 1964: 443). '국민 속으로' 운동이 시작되면서 이 운동의 이념적 측면을 지칭하는 '나로드니체스트보narodnichestvo'라는 용어와 이 이념의 추종자를 뜻하는 '나로드니키'라는 용어가 등장했다. 리처드 파이프스Richard Pipes(Pipes 1964)는 이들 용어가 다음 두 가지 의미로 사용되었다고 요약한다. 첫째, 이들 용어는 대중이 교육받은 엘리트보다 우수하다는 것을 뜻했으며, 이를 통해 "실용적인 풀뿌리 기반의 집합 행동 이론"이 도출되었다(Pipes 1964: 458). 둘째, 이들 용어는 러시아가 자본주의를 거치는 과정 없이 바로 사회주의로 나아갈 수 있다는 독특한 러시아의 발전 가능성을 강조하기 위해 사용되었다. 이 둘째 의미는 마르크스주의 논쟁에 주로 한정되어 있는 반면, 첫째 의미는 마르크스주의가 아닌 다른 맥락에서의 포퓰리즘과 연결될 수 있다. 그러나 실제로 이 두 의미를 빠르고 확실하게 구분하는 것은 언제나 어려운 일이었다.[1]

알렉산드르 헤르젠과 러시아 포퓰리즘의 기원

러시아 지식계층 내부의 토론을 통해 러시아 포퓰리즘의 핵심 이념들이 만들어졌다. 마르크스 - 레닌주의가 1917년 혁명의 주도적인 사상으로 등장하기 이전까지만 해도 러시아의 혁명사상은 당시 러시아와 유럽의 수많은 지식계층 사이에 퍼진 혁명적 변화에 대한 갈망과 러시아 사회의 독특성에 대한 신념을 기반으로 했다. 이러한 혁명사상은 서로 매우 다른 개별 사상가들을 거치며 굴곡의 세월을 겪었다. 러시아 사회제도가 예외적이라는 신념과 특히 러시아 농노의 사회·경제적 조

1 러시아 포퓰리즘에 대한 문헌에서는 이념과 개인을 범주화하는 것을 상당히 우려하고 있는데, 이는 매우 타당하다. 이 책의 목적상 어떤 이념 또는 인물이 러시아 포퓰리즘 범주에 정확히 포함되는가의 문제는 별로 중요하지 않다. 도리어 일반적으로 통용되는 포퓰리즘 개념이 다양하고 변화무쌍한 의미를 내포한다는 점에서 여러 사상과 인물을 통해 본 러시아 포퓰리즘이 어떤 면에서 일반적인 포퓰리즘 개념에 부합할 수 있는가를 이해하는 것이 더 중요하다.

직 형태의 장점은 새롭지 않았으며, 혁명사상에만 한정된 것도 아니었다. 1840년대와 1850년대에 발발한 슬라브주의 운동은 마을 단위 공동체, 러시아 국민들의 의식 계도 필요성, 정신적·영적 재탄생 등을 강조하는 퇴행적이고 보수적인 낭만주의 운동이었다(Venturi 1960: 13~19).

슬라브주의 사상 중 일부와 서구적 사상을 조합한 알렉산드르 헤르젠의 사상은 19세기 중반 러시아 혁명사상이 등장하는 데 중대한 영향을 행사했다. 1848년 혁명의 실패에 낙담한 헤르젠은 러시아를 떠났다.* 그러나 그 후로도 헤르젠은 러시아 혁명사상에 큰 영향을 끼쳤다. 영국에서 헤르젠은 ≪자유 러시아 신문Free Russian Press≫과 ≪콜로콜Kolokol≫(종鐘을 의미함)이라는 이름의 잡지를 통해 자신의 사상을 전파했다. 러시아에서 ≪콜로콜≫은 혁명세력과 보수세력 모두 구독하던 잡지였다. 이 잡지를 통해 헤르젠은 러시아 혁명사상에 생시몽Saint-Simon, 샤를 푸리에Charles Fourier가 주창한 서구 사회주의를 접목시켰으며, 19세기 후반 러시아 혁명적 지식계층의 주요 인물로 우뚝 섰다. 1861년 11월 출간된 ≪콜로콜≫에서 헤르젠은 지식계층에 다음과 같은 조언을 던졌다. "국민 속으로 가라, 국민 속으로. 책상에서 벗어나 국민 속으로 들어가라. 그곳이 그대가 가야 할 곳이다. 그대는 러시아 국민을 위해 싸우는 전사가 되어야 한다"(Ulam 1981: 102 재인용). 그리고 약 10년 후 지식계층은 이를 실천에 옮겼다.

헤르젠의 영향력은 말에만 그친 것이 아니었다. 헤르젠은 몇몇 핵심적 원칙을 제시함으로써 러시아 포퓰리즘의 기초를 형성시킨 인물이다

---

* 알렉산드르 헤르젠은 1848년 빈체제에 대항해 유럽 전역에서 벌어진 혁명 소식을 듣고 러시아를 떠나 프랑스, 스위스, 영국 등 유럽 곳곳을 떠돌았다. _옮긴이

(Venturi 1960: 35; Berlin 1978: 197~208). 헤르젠의 사상은 자유민주주의에 대한 불신, 추상적인 것에 대한 거부, 러시아 농노계급에 대한 믿음, 헌신적인 혁명세력의 필요성 등을 포괄한다. 이러한 사상을 통해 우리는 국민 속으로 운동의 참여자들이 생성된 과정과 이들이 러시아 포퓰리즘과 어떤 관계를 갖고 있는지를 파악할 수 있다. 혁명 운동가들의 경험과 원칙을 살펴보면, 헤르첸의 주장이 대체로 포퓰리즘과 관련된 전략, 행동, 사상에 딱 들어맞지 않는다는 것은 틀림없는 사실이다.

헤르젠은 정부를 "목적이 아닌 필요수단"(Venturi 1960: 32 재인용)으로 간주했는데, 바로 이 때문에 그는 당시 지식인들이 옹호했던 민주주의라는 이상을 거부했다. 헤르젠은 의회와 중앙집중의 정부기관은 오로지 국민과 간헐적으로만 연결된다고 믿었으며, 유럽에 체류하는 기간 동안 서구식 민주주의에 대해 강한 반감을 드러냈다. 헤르젠은 국민을 혁명적으로 해방시켜야 한다고 보았지만, 이것이 자유주의적 대의민주주의 조직을 통해 실현될 수 있다고 생각하지는 않았다.

헤르젠은 정치적 행동이 정치적 제도보다 훨씬 더 중요하다고 생각했다. 헤르젠은 추상적인 것을 위해 정치적 삶을 희생해서는 안 된다는 사상을 일생 동안 유지했다. 헤르젠이 볼 때 추상적인 이념은 근본적으로 파괴적인 것이었다(Berlin 1978: 193). 포퓰리즘은 이론, 이념, 지성 등을 다양한 형태로 적대시해왔다. 자신의 사상을 전파하는 데 일생을 바친 사람이 이론이나 이념을 근본적으로 거부했다는 점을 이해하기란 정말 쉽지 않은 일이다. 그러나 추상적인 것에 대한 헤르젠의 적대감은 포퓰리즘의 특징과 상당히 유사하다. 이론화가 불가능한 것을 이론화 시키려는 헤르젠의 시도는 정치인에 대한 불신을 기반으로 정치인이 되려는 숙명적 모순을 안고 있는 포퓰리즘 추종자의 또 다른 형태다.

헤르젠 사상의 독특한 점은 사회적 발전 단계에서 자본주의를 거치지 않고 농노계급을 주체로 러시아의 사회주의를 실현할 수 있다고 주장한다는 것이다. 특히 헤르젠은 미래 사회의 조직 구조를 오브시치나에서 찾을 수 있다는 믿음을 기반으로 이를 주장했다. 헤르젠은 물질주의에 빠진 유럽의 부르주아 및 프롤레타리아와 반대되는 형태를 러시아의 전통적 농촌 공동체에서 발견할 수 있다고 보았다(Ulam 1998: 36). 헤르젠이 러시아 농노계급을 높이 산 이유 중 하나는 오브시치나 내부의 유용한 조직 방식 때문이었다. 그러나 더 중요한 이유는 러시아 농노계급은 도시 노동계급이나 부르주아와 달리 근대 자본주의와 서구식의 물질문명에 오염되지 않았다고 믿었기 때문이다. 농노의 순수함은 농노계급의 '천진함'과 '무구함'에서 잘 드러난다. 포퓰리즘에서는 소박한 국민을 외부의 불순한 권력자에 대립시킨다. 이런 관점에서 나로드니키는 러시아 농노계급과 이들의 특성을 낭만화시켰다.

헤르젠은 정치적 행위에 대한 신념을 가지고 있었으며, 국민에게 헌신하는 혁명적 행동주의자가 필요하다고 역설했다. 국민 속으로 파고든 대학생들은 이러한 신념을 받들었지만, 이 신념 때문에 러시아 차르 체제는 혁명적 지식계급을 탄압했다. 왜냐하면 이 신념을 받든 대학생들이 농노계급을 선동하려는 목적과 역할을 자임했기 때문이다.

"국민 속으로 가라"

1874년 200~300명의 젊은 지식계층은 국민과 함께 하라는 헤르젠의 가르침을 따라서 농촌으로 떠났다.[2] 실제로 이들은 차이코프스키주의자*였으며 알렉산드르 돌구신Aleksandr Dolgushin**의 추종자였다. 이들이 추종했던 차이코프스키주의자는 1870년부터 상트페테르부르크 노동자의 혁명운동을 돕기 위해 선전 활동에 종사했던 소규모의 활동가 집단이었다. 또한 이들은 1873년 모스크바 외곽의 농노에게 혁명을 일으켜야 한다는 내용을 전파한 돌구신을 추종하는 대학생들이기도 했다. 이들은 책과 팸플릿을 마련해 농노에게 전파했다. 이들은 농노와 함께 일하고 농촌 사회에서 농노와 함께 생활하려 했으며, 현실에 대한 농노계급의 분노를 자극하려 했다. 그러나 이들은 농노계급이 자신들의 활동에 무관심하고 심지어 적대적인 모습을 띤다는 사실을 알게 되었다. 러시아 경찰은 돌구신을 잡아들였으며, 돌구신은 10년의 강제노역에 종사한 후 교수형에 처해졌다(Venturi 1960: 496~501; Ulam 1998: 210~214).

1874년 국민 속으로 들어간 나로드니키는 명확한 계획이나 조직을 갖추지는 않았다. 나로드니키는 도시의 지식계층 출신이라서 정치적 활동에는 상대적으로 미숙했다. 이들은 마을을 옮겨 다니며 팸플릿을 나누어주었고 마주치는 농노에게 급진적인 토지 재분배와 혁명의 필요성을 홍보했다. 이들은 국민 속으로 운동을 진행하면서 가장 억압받고

---

2 헤르젠은 1870년 죽었기 때문에 자신의 유산이 열매를 맺는 것을 보지 못했다.

* 러시아 볼셰비키 혁명 이전에 존재하던 다양한 혁명 분파 중 하나다. 문헌에 따라 차이코프스키 서클(Circle of Chaikovsk)이라 불리기도 했다. 이 분파의 가장 핵심적인 활동가가 바로 니콜라이 차이코프스키(Nikolai Chaikovsky, 1851~1926)였다. 그는 헌신적인 비밀조직을 중심으로 선전 활동을 벌여 대중을 교육한 후 과격한 행동으로 혁명을 달성해야 한다고 주장했다. 연구자에 따라 이들 운동을 포퓰리즘 또는 무정부주의(anarchism)로 분류하기도 한다. 실제로 러시아의 무정부주의자로 유명한 표트르 크로포트킨(Peter Kropotkin, 1842~1921) 역시 차이코프스키 서클의 일원이었다. _옮긴이

** 알렉산드르 돌구신은 러시아 농노 봉기를 주장하는 선전물을 제작·배포한 혁명 기도 집단의 지도자였다. 1873년 구속되었으며, 1874년 교수형에 처해졌다. _옮긴이

가장 수가 많은 농노계급을 기반으로 한 혁명을 주장했던 미하일 바쿠닌Mikhail Bakunin* 같은 혁명가 또는 표트르 라브로프Peter Lavrov** 같은 사상가의 가르침을 따랐다. 라브로프를 추종하는 집단은 농노와 하나가 되고 농노와 같이 생활하며 농노와 함께 혁명정신을 배양하는 것이 지식계층의 임무라고 생각했다. 당시 러시아는 약 6000만 명의 인구 중 4800만 명이 가난한 농노였기 때문에(Pipes 1995: 144) 이들을 배제한 채 혁명 전략을 세우는 것은 불가능했다.

국민 속으로 운동은 상당 부분 자발적 헌신에 의존했다. 이 운동에 참여하는 사람들은 거의 다 종교적인 열성을 갖고 있었다. 이에 애덤 울람Adam Ulam(Ulam 1998)은 국민 속으로 운동의 참여자를 순례자에 비교하기도 했다. 돌구신은 지식계층과 농노계급 사이의 사회적 장벽을 극복하기 위한 수단으로 자신의 선전 책자에 종교적 수사를 사용하기도 했으며, 복음서를 인용해 선전 책자를 작성하기도 했다. 농촌으로 들어간 대학생들 역시 이러한 방식의 수사법을 택했다. 몇몇 사도가 보통 사람에게 다가가 설교하는 방식을 택한 초기 기독교인과 이 활동가들

---

* 미하일 바쿠닌(1814~1876)은 러시아 혁명가이자 철학자다. 바쿠닌은 프루동과 함께 사회주의적 무정부주의자로 유명하다. 프루동이 개인주의적 무정부주의를 주장했던 반면, 바쿠닌은 소규모 집단 생산을 기반으로 한 집산주의적 무정부주의를 강조했다. 이 책에서 잘 설명하고 있듯, 러시아 출신 혁명가들은 '오브시치나'라는 전통적인 러시아 농촌공동체를 미래사회의 이상으로 받아들였다. 바쿠닌은 마르크스가 노동자계급에 대한 공산당의 리더십을 강조한 데 대해 강하게 비판한 것으로 유명하다. _옮긴이

** 표트르 라브로프(1823~1900)는 러시아 사회주의자이자 철학자다. 1862년 혁명운동을 시도했다는 죄목으로 우랄산맥에 유배형을 선고받았지만, 1868년 탈주해 줄곧 프랑스, 스위스 등 유럽에서 거주했다. 급진적 혁명을 주장했던 바쿠닌과 달리 러시아에서 사회주의를 달성하기 위해서는 농노를 위해 노력하는 지식계급이 개혁을 주도해야 한다고 주장했다. _옮긴이

을 비교해보면 그 의미를 쉽게 이해할 수 있다. 초기 기독교인의 열정이 신앙이었다면, 나로드니키가 갖고 있던 열정은 다름 아닌 농노계급에 대한 믿음이었다.

그러나 나로드니키의 열정은 두 가지 문제에 봉착했다. 이들에게 가장 슬펐던 사실은 농노계급이 혁명에 대해 심드렁한 태도를 보이는 것이었다. 나로드니키는 농노계급이 억압받고 있기 때문에 혁명에 이상적이고 준비된 계급일 것이라고 생각했다. 그러나 실제 농노계급은 물욕에 찌들고 보수적이었으며, 대학생들을 불순하게 바라보았다. 나로드니키는 농노계급이 러시아 차르 체제에 의해 억압받고 있다고 생각했지만, 실제 나로드니키가 만났던 농노들은 차르에 대해 깊은 충성심을 드러냈다.[3] 대학생과 농노계급 간 거리로 인해 대학생의 선전은 효과를 발휘하지 못했다. 또한 육체노동에 익숙하지 않고 별다른 기술이 없었던 나로드니키는 농노와 같이 산다는 것이 쉽지 않은 일이며, 따라서 농노계급의 신뢰를 얻는 것도 전혀 쉽지 않다는 사실을 깨닫게 되었다.

나로드니키가 처한 둘째 문제는 자신들이 타도하려는 러시아 체제의 탄압이었다. 1873년부터 1877년 사이 총 1611명이 구속되었으며, 구속자 수는 1877년과 1878년 두 번의 재판을 거치며 정점을 찍었다(Seton-Watson 1967: 422). 러시아 체제의 탄압보다 더 뼈아픈 것은 농노계급이 이 이상적 행동주의자들을 당국에 고발하는 경우가 적지 않다는 사실이었다. 1874년 여름은 나로드니키가 무엇을 하려 했는지를 보

3 차르의 위상에 대한 질문은 농노들에게만 해당되는 이슈는 아니었다. 혁명이론가조차도 차르를 타도하지 않고도 혁명이 가능할 수 있다는 희망에 종종 집착했기 때문이다(Ulam 1998: 44, 64).

여준 시기였다. 또한 이 시기는 농노계급이 나로드니키가 원하는 바를 하지 않으려 한다는 것을 보여준 시기이기도 했다.

국민 속으로 운동에서 테러 활동으로

포퓰리즘 추종자는 농노계급에서 국가를 대상으로 한 폭력 행동으로 관심을 돌렸다. 농노계급이 혁명에 관심을 갖고 있지 않았기 때문에 이들은 농노계급의 억압기구인 국가를 타도해야 한다고 생각했다. 포퓰리즘 추종자는 혁명을 촉발할 수 있는 새로운 전략을 추구하는 방식으로 농노계급에 대한 실망감을 극복하려 했다(Wortman 1967: 189). 이로 인해 포퓰리즘 추종자는 선전이 아닌 테러 활동에 주력했다. 활동가들은 이론적으로는 농노계급을 교육하고 이들과 함께 행동해야 한다고 생각했지만, 실제로는 가시적인 폭력 활동에 더 무게를 두었다.

이들은 마르크 나탄손Mark Natanson*으로부터 큰 영향을 받았으며, 테러 활동을 위해 이전보다 조직 활동에 더 주력했다. 1876년부터 1878년 사이 나탄손은 러시아 정부에 대한 폭력을 실행하기 위해 '토지와 자유Zemlya I Volya'라는 이름의 조직 설립을 주도했다.[4] 국민 속으로 운동과

---

* 마르크 나탄손(1851~1900)은 러시아 혁명가다. 앞에서 소개했던 차이코프스키주의자들, 그리고 본문에 소개된 토지와 자유 등의 창립 멤버였다. 테러 활동과 관련해 체포된 후 해외로 추방당했다가 볼셰비키 혁명 후 러시아로 귀국했으나, 레닌 주도의 볼셰비키 일당 독재에 반대하면서 다시 러시아를 떠나 스위스에서 사망했다. _옮긴이

4 초창기 자유와 토지 운동은 1000명 정도의 구성원으로 구성된 소규모의 비밀 결사 조직이었다. 이 운동의 참여자들은 농노계급에게 토지와 자유를 제공하려는 굳은 믿음을 가졌으나 1863년 붕괴되었다.

달리, 토지와 자유 조직은 중앙집중화되고 고도로 조직화된 단체였다. 토지와 자유 조직은 국민에게 토지를 배분하고 국가를 타도하며 러시아 제국을 붕괴시키고 새로운 사회조직의 기초로 오브시치나를 구현하는 데 매진했다(Venturi 1960: 573~574). 포퓰리즘 추종자는 요인을 암살하고 폭탄을 터트리는 것과 동시에 자신들의 행동에 대한 이론화 작업을 수행했다. 물론 지식계층이 시도했던 이전의 국민 속으로 운동과 마찬가지로 소박한 농노계급의 본성은 인정했지만, 기존 운동과 달리 폭력을 통해 추상적인 것을 배제하고 구체적인 목적을 달성하려 했다(Walicki 1969: 96).

1878년 혁명을 위한 선전을 시도했다는 죄목하에 국민 속으로 운동에 참여했던 사람들을 대상으로 실시한 '193인 재판'은 결국 40명에 대한 유죄선고로 끝났다. 이후, 성공을 거두지는 못했지만, 국민 속으로 운동의 참여자 중 한 명인 베라 자술리치Vera Zasulich가 상트페테르부르크의 악질 시장에 대한 암살을 시도했다. 암살 시도를 재판하는 과정에서 상트페테르부르크 시장이 어떤 사람인지 드러났으며, 시장에게 직접 총격을 가했음에도 불구하고 배심원들은 자술리치에게 무죄를 선고했다. 이 사건에 대한 법원 판결을 통해 테러 활동도 극단적 행동 가담자의 뜻을 사회에 알리는 수단으로서 정당성을 띨 수 있다는 인식이 생겼다(Ulam 1998: 265, 274).

토지와 자유 조직은 테러 활동을 지속했으며 주요 정치 인사를 암살한 것으로 유명해졌다. 이러한 운동 내부에서는 갈등이 빚어지기도 했다. 어떤 구성원은 나로드니키 사상에 충실하기 위해 테러 활동을 자제하자고 주장한 반면, 다른 구성원은 테러 활동을 지속해야 하며 차르 암살이라는 궁극적인 테러 활동이 필요하다고 주장하기도 했다. 이로 인해 1879년 토지와 자유 조직은 내부적으로 분열했으며, '국민의 의지 Narodnaya Volya'라는 이름의 새로운 조직이 테러 활동을 이어받았다. 국민의 의지 조직은 더 광범위한 정치적 참여를 불러올 수 있는 계획을 짰다. 이들은 차르를 제거해야 한다고 맹세한 후 이를 위해 폭탄 테러 계획을 시도했다. 여러 가지 암살 계획을 시도한 후 국민의 의지 조직은 1881년 비로소 성공을 거두었다. 그러나 알렉산드르 3세가 새로운 차르로 등극했으며, 조직의 지도급 인사들이 체포되고 사형에 처해지면서 이 운동은 종결되었다.

국민의 의지 조직이 차르를 암살했을 당시 포퓰리즘 운동은 여러 갈래로 분열되어 있었다. 그중에서도 테러 활동으로 옮겨가는 데 반대했던 토지와 자유 조직은 더욱 정치적인 목표를 갖고 나로드니체스트보에 가까운 입장을 취했다고 볼 수 있다. 왜냐하면 토지와 자유 조직의 활동은 농노계급에 대한 선전 활동을 중요시하고 정치적 제도화를 거부하는 헤르젠의 유산에 더 가까웠기 때문이다. 토지와 자유 조직은 '토지 재분배Chernyi Peredel'*라는 이름의 집단으로 재집결했지만, 1870년대 초반부터 세력을 잃고 결국 혁명세력화에 실패했다(Walicki 1980: 233). 국민의 의지 조직은 농촌 공동체를 이상으로 삼는 러시아식 사회

* 여기서는 '토지 재분배'라고 의역했으나 직역하자면 '검은 재분배(Black Repartition)'라고 할 수 있다(여기서 '검은'이라는 말은 어떠한 것도 고려하지 않는, 즉 '공정한'이라는 뜻이다). 사실 이 말은 원시 기독교의 용어에서 빌려온 것이다. 구약성서 레위기 25장에 따르면 고대 유대 사회는 50년마다 애초에 분배받은 토지로 돌아가며, 노예로서의 삶을 살고 있는 유대인들이 자유민으로 돌아가는 전통이 있었다고 한다[흔히 희년(禧年)이라고 부른다]. 토지 재분배라는 것은 혁명적인 사상을 담고 있는 용어인 동시에, 매주 교회에 나가 성서 관련 지식을 접하는 것 외에 별다른 지식을 습득할 기회가 없었던 러시아 농노계급에게 호소력 있는 용어다. _옮긴이

주의를 실현하고 국민을 위한 행동을 하겠다고 표방했는데, 이는 진심이었을 것이다. 그러나 이들은 전략적으로만, 그리고 자신들의 이념 속에서 표면적으로만 국민과 연결된 상태였다. 고도로 중앙집중화된 조직 속에서 활동하던 소수의 테러 활동가 집단은 러시아의 포퓰리즘 이념과는 거리가 멀었다. 나로드니키의 이념과 경험이 이 테러 활동가들을 낳았지만, 투쟁 과정을 거치면서 이들은 더 이상 포퓰리즘 이념을 따르지 않게 되었다.

포퓰리즘을 연구할 때 러시아의 사례를 배제시켜야 한다고 주장하는 연구도 있다. 엘리트들이 주도한 운동이라는 점에서 러시아 사례는 다른 포퓰리즘 사례와 쉽사리 동일시되기 어렵다. 러시아 사례를 포퓰리즘 사례에서 제외해야 한다는 학자들은 나로드니키를 '포퓰리즘 추종자'로 번역하는 것은 번역상의 오류일 뿐이며, 따라서 미국의 급진적 농민운동과 나로드니키를 비교하는 것은 인위적이고 억지에 불과하다고 주장한다(Allcock 1971: 372). 그러나 이러한 주장은 그다지 타당하지 않다. 번역상의 문제가 있다손 치더라도, 러시아 사례는 러시아라는 독특한 상황 속에서 포퓰리즘 이념이 강력한 형태로 나타난다는 것을 잘 보여준다. 나로드니키의 경우 러시아라는 특수한 환경과 그 이후의 러시아 역사를 고려할 때 다른 국가에서 포퓰리즘이 등장하는 상황에서 발생하는 가외 요인을 더 쉽게 소거할 수 있다. 즉, 러시아 포퓰리즘을 자세히 살펴볼 경우 포퓰리즘 현상에 내재한 보편적인 요소를 더욱 쉽게 찾아낼 수 있다.

나로드니키를 포퓰리즘 추종자로 분류할 수 있다는 것이 러시아 포퓰리즘 사례를 쉽게 해설할 수 있다는 의미는 아니다. 나로드니키나 포퓰리즘을 구성하는 요소들을 명쾌하게 구분해내기는 어렵다. 나는 국민 속으로 운동만 집중해서 설명하지는 않았는데, 그 이유는 이 운동을 전체 러시아 포퓰리즘을 대표하는 운동으로 간주했기 때문이다. 실제로 국민 속으로 운동을 전체 러시아 포퓰리즘으로 간주하는 주장은 설득력이 없다. 국민 속으로 운동은 소규모로 단명했으며 근본적으로 실패한 운동이라고 볼 수 있기 때문이다. 또한 이 운동은 러시아 포퓰리즘의 정점을 보여주는 운동이었고, 벤투리의 말을 빌자면 "포퓰리즘 운동의 진정한 전성기"(Venturi 1960: 470)였기 때문이다. 우리는 헤르젠의 주장에서 태동된 러시아 포퓰리즘이 왜 결국 테러 활동으로 귀결되었으며, 왜 여러 혁명세력이 다양한 방식으로 동일한 목표를 계속 진행했는지 이해해야 한다. 국민 속으로 운동을 통해 1874년 사건의 맥락을 완전히 파악해야 혁명에 대한 러시아 지식계층의 열정이 테러 활동으로 옮겨간 전반적인 과정을 이해할 수 있기 때문이다.

러시아 포퓰리즘의 구성 요소를 파악하는 일이 어려운 이유는 당시 급진적인 러시아 지식계층이 사회주의 혁명에 과도하게 매진했기 때문이다. 물론 우리는 1917년 볼셰비키 혁명을 통해 러시아의 차르 체제가 전복되었음을 이미 알고 있기 때문에 러시아 지식계층의 모습을 이해할 수 있다. 즉, 역사적 흐름을 총괄해서 본다면 당시를 마르크스-레닌주의를 형상화하기 이전 단계로 파악하는 러시아 사상사를 떠올리기 쉽다. 그러나 이러한 이해 방식은 러시아 포퓰리즘의 핵심과 러시아 사회주의 혁명의 주요 속성 모두를 단순화시켜 오해하는 것이다. 바로 이 혁명사상의 러시아적 특성을 완전히 이해해야만 실제로 러시아에서 실현된 사회주의 혁명사상을 이해할 수 있다. 나로드니키는 사회주의를 실현하기 위한 고유한 러시아 발전 경로의 가능성과 오브시치나의 공동체적 가치와 구조를 강조했는데, 이는 러시아의 마르크스-레닌주의와 통하는 면이 있다. 동시에 러시아 포퓰리즘은 사회주의 혁명 이념의 복잡한 면을 보여준 것이라고 할 수 있다. 러시아 포퓰리즘과 러시아 사회주의 혁명 간의 긴밀한 연관관계는 포퓰리즘이 일반적으로 카멜레온처럼 변하는 속성이 있음을 보여준다.

더 넓은 의미의 정치적 이념은 나로드니키를 이해하는 데 필수적이다. 나로드니키는 유럽의 정치사상에서 영향을 받았는데, 이는 민주주의가 지식계층 및 다른 지역의 혁명세력으로부터 영향을 받아 작동한다는 것을 보여준다. 나로드니키는 차르 체제와 같은 절대주의를 타도하려 했다는 점에서는 다른 국가의 민주주의자들과 뜻을 같이했으나, 그럼에도 불구하고 대표자를 통한 자유주의적 대안 또는 자유민주주의에 대해 호의적이지 않았다. 앞에서 설명했듯, 나로드니키는 자유민주주의에 대한 헤르젠의 적대감을 계승했을 뿐 아니라 심지어 더 강화시켰다. 나로드니키를 단지 러시아 특유의 사회 현상으로 파악할 경우 대의정치에 대한 나로드니키의 반발을 대의제도에 대한 반발이 아니라 차르 절대 통치라는 유산에 대한 반발이라고 해석해야 하는데, 이는 타당하지 않다. 만약 우리가 러시아 외부에서 발전된 사상을 고려한다면 러시아 포퓰리즘은 자유주의적인 대의정치의 정신과 구조를 띠지 않는 새로운 정치를 지향한다고 판단할 수 있다. 실제로 마르크시즘을 포함한 서구 유럽의 사상들이 러시아적으로 변형된 방식을 고려하지 않고는 이후 러시아의 모습을 설명하지 못할 것이다. 즉, 러시아의 포퓰리즘도 더 넓은 맥락에서 이해할 필요가 있다.[5]

나로드니키는 민주주의적 이념으로서 자유주의적 개혁 방식을 선택하지 않았다. 나로드니키는 헤르젠 사상에서 명확하게 나타나듯 제도

정치에 대해 강한 불신을 드러냈다. 제도정치에 참여하기를 꺼리는 다른 지역의 포퓰리즘이 통상적 정치 내에서 추진할 수 있는 단기적 개혁 추진 방식을 택했던 반면, 나로드니키의 반정치는 헌법에 기반을 둔 권리를 주장하는 정치적 행동이 아니라 삶, 선전, 선동 등을 포함한 완전히 새로운 형태의 정치 구성을 뜻했다. 테러 활동으로 옮겨가면서 러시아 혁명세력은 반정치적 행동으로서의 정치에 대해 적대감을 형성할 정도로 극단적인 포퓰리즘을 추구했다.

러시아 포퓰리스트는 러시아 농촌 지역과 농노계급을 자신들의 마음속 이상향으로 상정했다. 러시아 농촌 생활과 농노들의 삶, 이들이 조직한 공동체에 대한 러시아 포퓰리스트들의 이상화 작업은 마음속 이상향을 명확하게 그리고 섬세하게 만드는 작업이었다. 오브시치나라는 마음속 이상향은 미래의 삶의 방식, 조직 구조, 심지어 공동체 정신으로 추앙되었다.

나로드니키가 이런 모습을 보인 이유는 자신이 이념적으로 선호하는 대상을 실제 국민으로 파악하지 않았기 때문이다. 포퓰리즘 운동의 경우 자신들이 대표하고자 하는 국민을 기반으로 포퓰리즘 운동을 전개하는 것이 보통이다. 러시아 나로드니키는 지식계층을 통해, 그리고 지식계층에 의해 주도되었다. 즉, 나로드니키는 문자 그대로 자신들이

---

5 안제이 발리츠키(Andrzej Walicki)는 마르크스주의의 영향을 배제하고서는 러시아 포퓰리즘을 이해할 수 없다고 주장했다(Walicki 1969; 1980). 마르크스주의의 자본주의 비판은 자본주의라는 죄악의 단계를 뛰어넘어 봉건주의에서 사회주의를 달성하려 했던 포퓰리즘 추종자의 열정을 북돋아주는 역할을 했다는 것이 발리츠키 주장의 핵심이다. 리처드 파이프스에 따르면 발리츠키의 주장은 더 넓은 맥락이 아닌 정치경제학적 관점에서 러시아 포퓰리즘을 정의해야 한다고 가정한다(Pipes 1964).

설정한 마음속 이상향과는 전혀 동떨어진 존재였기 때문에 마음속 이상향을 극단적으로 이상화시켜 생각할 수 있었다. 다른 포퓰리즘 운동이나 사상의 경우 마음속 이상향은 암시적으로 존재할 뿐이었으나, 러시아 나로드니키는 마음속 이상향을 매우 명확한 형태로 제시할 수 있었다.

러시아적 방식의 사회주의를 강조한 것은 장점과 단점 모두를 갖고 있으며, 장단점 모두 포퓰리즘적이다. 러시아 농노들의 지혜와 가능성을 통해 러시아적 방식으로 사회주의를 달성하려는 생각은 이들의 독특한 마음속 이상향의 주인인 농노들에 대한 신념을 보여주었다. 러시아적 방식으로 사회주의를 달성하는 것은 또한 외부 영향력을 거부하는 것이기도 했다. 서구식 의회주의와 마르크스주의로 대표되는 서구 혁명사상에 대한 헤르젠의 반감은 마음속 이상향에 속하지 않는 외부자에 대해 포퓰리즘 추종자가 느끼는 적대감이기도 했다. 자유주의와 마르크스주의 모두를 거부했다는 것은 이들 외래 사상은 물론 이 사상들의 출처도 거부했다는 것을 의미한다.

국민 속으로 운동은 단기간에 그쳤고 실패로 돌아갔다. 이는 이 운동이 전 국민적 포퓰리즘 운동 단계로 나아가지 못했거나 나아가기 어려웠기 때문만은 아니다. 국민 속으로 운동이 전 국민적 운동이 되지 못한 이유는 이 운동이 목표로 했던 국민의 현실을 제대로 파악하지 못했기 때문이다. 러시아 포퓰리즘은 지식계층이 농노에게 다가설 수 있을 정도의 유연성은 발휘했지만, 농노계급이 원하던 바를 추구할 정도로 유연성을 발휘하지는 못했다. 왜냐하면 혁명에 전심전력했던 나로드니키의 비전은 농노계급이 원하던 것이 아니었기 때문이다. 국민의 의지를 추구하는 극단적인 포퓰리즘과 극단적인 폭력혁명 가운데 나로드니키는 포퓰리즘보다 혁명을 택했던 것이다.

포퓰리즘은 원래의 의미대로라면 혁명적이지 않은 단어다. 포퓰리즘은 개혁을 요구하는 것이 보통이며, 체제의 완벽한 변화를 주장하는 경우는 매우 드물다. 그러나 러시아의 나로드니키는 러시아가 사회적·정치적인 방면에서 근본적으로 변화하길 바랐다는 점에서 혁명적이었다. 또한 러시아의 나로드니키는 볼셰비키 혁명의 토양을 형성하는 데 어느 정도 기여했다는 점에서도 혁명적이었다. 우리는 러시아 포퓰리즘이 포퓰리즘치고는 혁명적 성격을 띠는 독특한 사례에 불과하다고 주장할 수도 있다. 그러나 러시아 농노계급의 삶과 공동체의 참된 혁명적 가능성에 대한 포퓰리즘 추종자의 신념은 당시의 다른 혁명 사조들과 러시아 포퓰리즘을 구분 짓는 특징이자 러시아 포퓰리즘 추종자를 관통한 특징이라고 할 수 있다. 포퓰리즘 추종자에게 농노계급은 혁명을 위해 동원되어야 할 존재 그 이상의 의미를 가졌다. 포퓰리즘 추종자의 혁명 비전은 변화를 이끌어내는 것이었다. 그러나 그 변화는 어느 정도 반동적이었다. 포퓰리즘 추종자가 추구했던 혁명의 목적은 이미 러시아 역사 속에서 나타난 러시아 농노들의 잠재력이 완전히 실현되는 사회적 질서가 가능한 정치체제를 이룩하는 것이었다.

러시아의 나로드니체스트보 사례는 다른 포퓰리즘 사례들과 구분된다. 나로드니키는 사회주의 혁명에 헌신했는데 다른 포퓰리즘 사례에서는 이러한 혁명적 급진주의를 발견하기 어렵다. 나로드니키들이 농노계급의 소박한 삶을 찬양했다는 것은 명백하다. 나로드니키들이 농노들의 삶을 찬양한 이유는 농노계급과 갈등을 겪는 이해관계가 없었기 때문이며 무엇보다 실제 농노들의 삶을 체험해보지 않았기 때문이다. 나로드니키 운동의 지성주의intellectualism는 포퓰리즘 이론화의 잠재적 모순이 무엇인지를 보여준다. 그러나 이 모든 이론도 농노계급을 혁명에 참여시켜야 하는 현실적 어려움을 극복하지는 못했다. 결국 농노계급의 혁명 참여는 마르크스-레닌주의의 등장으로 현실화되었다.

POPULISM

05

라틴아메리카의 포퓰리즘 사례
:
리더십의 포퓰리즘 정치

라틴아메리카에서는 다른 어떤 곳보다 포퓰리즘 정치에서 정치인의 리더십이 중요했으며, 이는 지금도 지속적으로 중요하게 취급되고 있다. 라틴아메리카의 포퓰리즘은 다음 두 가지 의미를 갖는다. 첫째, 이 지역이 겪은 역사적 경험의 일부이기도 한 일련의 정치체제와 독특한 유형의 정치에 대한 정치적 처방을 의미한다. 둘째, 라틴아메리카 체제를 지탱하는 주요 정치인의 사상과 역사를 의미한다. 첫째 의미에서 학자들은 공통적으로 라틴아메리카 정치에서의 포퓰리즘을 중요한 개념으로 지적한다. 즉, 라틴아메리카의 포퓰리즘은 다양한 상황에서 등장하는 여러 포퓰리즘 현상 중 하나다. 둘째 의미에서는 포퓰리즘이 개인을 중심으로 등장하는 개념임을 나타낸다. 아르헨티나의 후안 페론Juan Peron은 라틴아메리카의 대표적인 포퓰리즘 정치가로 언급된다.

라틴아메리카의 포퓰리즘 현상과 전형적인 포퓰리즘 정치가인 페론을 살펴봄으로써 우리는 정치적 체제로서의 포퓰리즘이 무엇을 의미하는가를 파악하는 흔치 않은 기회를 얻을 수 있다. 라틴아메리카의 포퓰리즘 사례는 다음과 같은 점에서 중요하다. 일반적으로 포퓰리즘 자체는 정치적 실천, 제도, 체제로 취급되기 어렵지만, 라틴아메리카의 포퓰리즘은 일반적인 포퓰리즘 운동과 구분된다는 점에서 독특하다. 라틴아메리카의 포퓰리즘은 이 지역 고유의 역사적 상황과 시간적·공간적 특성이 반영된 결과다. 포퓰리즘의 카멜레온적 속성은 라틴아메리카 포퓰리즘의 독특함에서 잘 드러난다. 20세기 라틴아메리카의 정치는 굴곡의 역사였으며, 정치 불안정에 대처하기 위해 정치인의 리더십에 크게 의존했다. 아르헨티나의 경우 고유한 사회적·경제적 상황으로 인해 재분배 정책과 사회정의 이념을 추구했다. 라틴아메리카의 포퓰리즘을 이해하기 위해서는 이 같은 상황을 염두에 둘 필요가 있다. 그러나 라틴아메리카의 포퓰리즘 역시 일반적인 포퓰리즘 특성을 반영한다는 점에서 포퓰리즘 연구에 유용하다는 점을 배격할 수 없다.

라틴아메리카의 포퓰리즘

흔히 라틴아메리카 정치의 특성으로 포퓰리즘을 언급한다. 이와 관련해 대다수 연구자는 라틴아메리카가 지닌 종속경제적 특징과 이로 인한 경제위기라는 고유한 지역적 특성을 지적하며, 이 지역과 다른 지역의 국제경제적인 관계에 초점을 맞춘다[일례로 Di Tella(1965)를 참조하라]. 예를 들어 제임스 멀로이James Malloy(Malloy 1977: 9)는 라틴아메리카의 포퓰리즘을 "저개발의 종속적 경제가 특정 단계에 정체되면서 맞이

하게 된 전반적인 위기에 대한 특수하고 토착적인 방식의 지역적 대응"이라고 주장한다. 이른바 "제3세계"의 포퓰리즘을 설명할 때는 경제 발전 단계의 특징과 포퓰리즘 등장의 관계가 일반적으로 언급된다. 이런 관점에서 라틴아메리카의 포퓰리즘에서는 국가 경제의 독립, 준봉건적 구조의 타파, 사회정의 실현과 같은 목표가 추구된다. 그러나 라틴아메리카의 포퓰리즘은 정치인의 리더십, 중앙집중화, 물질적 보상 등에 의존하려 하기 때문에 결국 기존 정치의 개혁이 아닌 기존 정치의 연장으로 끝나는 것이 보통이다(Malloy 1977: 11~15).

경제적 요인을 강조하는 라틴아메리카의 포퓰리즘에 대한 연구에서는 라틴아메리카라는 상황을 중심으로 포퓰리즘을 설명한다. 이에 따르면 세계 경제에서 라틴아메리카가 차지하는 종속적 지위로 인해 발생한 것이 포퓰리즘이다. 또한 이들 연구에서는 전 세계 경제에서 차지하는 라틴아메리카의 구조적 위치가 포퓰리즘이 등장한 시기를 설명한다고 주장하는 것도 주목할 만하다. 이들 연구는 라틴아메리카의 포퓰리즘 운동과 체제를 유용하게 설명한다는 장점이 있다. 그러나 라틴아메리카 체제와 포퓰리즘 운동이 다른 지역의 포퓰리즘 운동들과 어떠한 관련성을 갖는지를 설명하기에는 이들 연구로 불충분하다.

1920년대 브라질의 리우데자네이루에서 정권을 차지하려 했던 다수의 정치인은 지역에서 소외된 사람들을 새로운 유권자층으로 포섭하면서, 기존의 부패세력을 일소하고 정부를 개혁하겠다는 선거 캠페인을 전개했다. 1930년 제툴리우 바르가스Getulio Vargas*는 쿠데타를 주도한

---

* 제툴리우 바르가스(1882~1954)는 브라질 정치인이다. 바르가스는 1930년 대통령 선거에 출마했으나 낙선했다. 그러나 같은 해 군인들의 쿠데타를 통해 임시 대통령으로 추대된 후

이후 이러한 전술을 구사하는 정치인들을 공직에 임명하면서 자신을 중심으로 한 거대한 독재권력체제를 수립했다. 바르가스는 1945년 군부에 의해 다시 축출되었지만, 1950년 포퓰리즘 전략을 전면에 내세움으로써 다시 정계에 복귀할 수 있었다. 당시 바르가스는 자신이 마지못해 정계로 복귀한다는 점을 강조했다. 왜냐하면 "국민들의 손에 이끌려" 정치에 돌아오는 것처럼 보이는 것이 중요했기 때문이다(Culles 1967; Conniff 1999: 48). 마지못해 정치를 한다는 것은 포퓰리스트 정치인이 흔히 하는 주장이다. 이러한 주장은 포퓰리스트 정치인이 정치 일반에 대해 지닌 포퓰리즘적 양가감정을 나타내는 동시에 그들이 이를 이용하는 방식이다. 바르가스는 노동자들에게 생활비 인상의 원인인 기생계급을 철폐할 수 있도록 자신을 지지해달라고 호소하고 물가 통제와 임금 인상을 약속함으로써 선거에서 승리했다(Dulles 1967: 306). 대통령직에 취임한 후 바르가스는 자신이 약속한 경제 정책과 주요 산업을 국유화함으로써 부의 정당한 분배를 실현했고, 복지와 사회개혁을 추진했다. 그러나 높은 수준의 인플레이션이 가파르게 진행되는 등 열악한 경제 상황을 배경으로 1954년 군사 쿠데타가 발발했고, 이로 인해 바르가스는 실각했다. 이후 바르가스는 자살로 생을 마감했다.

바르가스 사례는 브라질 정치에 포퓰리즘이 어떻게 등장하게 되었는지를 잘 보여준다. 바르가스의 권력체제는 중앙집중화되었으며 개인화되었다. 1930년부터 1945년까지 대통령으로 재직하는 기간 동안

독재권력을 행사하며 브라질의 중앙집중화와 근대화를 추진했다. 군부의 세력 변동에 따라 권좌에 오르기도 물러나기도 했다. 제2차 세계대전이 끝난 후 1945년 군부의 강압으로 퇴임했지만, 노동자·농민의 지지를 기반으로 1950년에 다시 권좌에 복귀했다. 그러나 1954년 군부의 압력에 못 이겨 사임한 후 자살로 생을 마감했다. _옮긴이

바르가스는 민주제도를 존중하는 모습을 보인 적이 거의 없었다. 대신 그는 자신에게 독재적 권력을 부여할 수 있는 새로운 헌법을 수립했다. 1950년 정치로 복귀했을 때 그는 사회개혁 정책을 추구함으로써 새로운 정치적 지지 기반을 만들었으며, 자신의 정치적 정당성을 확보하기 위해 민주주의적 정치 과정을 활용했다(Levine 1970: 13). 사회개혁 정책과 정치적 리더십을 강조해 새로운 방식의 선거연합을 형성함으로써 바르가스는 전형적인 포퓰리스트 정치인으로 자리매김했으며, 그의 정치적 스타일은 라틴아메리카의 전통이 되었다. 바르가스 스타일의 선거연합은 엄청난 카리스마적 리더십을 통해 더 광범위하게 등장했는데, 이는 이웃 국가인 아르헨티나의 페론에게서 두드러졌다.

후안 페론과 페론주의

1940년대 아르헨티나는 경제적 위기 상황에 놓여 있었다. 당시의 아르헨티나 정부는 1930년 군사 쿠데타로 집권한 후 선거 조작을 통해 권력을 유지했던 보수 정치인들에 의해 주도되고 있었다. 당시 아르헨티나는 경제 부문에 정부가 개입함으로써 1930년대의 불황을 성공적으로 극복하는 중이었다. 그러나 1940년대로 접어들어 제2차 세계대전이 발발하고 미국과 아르헨티나의 관계가 삐걱거리면서 경제는 위기에 처했다(Rock 1983: 214~215). 1943년 6월, 후안 페론을 포함한 장교단은 쿠데타를 통해 아르헨티나의 권력을 장악했다.

곧이어 페론은 역동적이고 기민한 정치 수완을 발휘했다. 당시 페론이 자신의 야심을 실현하기 위해 쿠데타 전략을 수립하고 실행했던 것은 아니라는 점에서 페론 자신이 원해서 정치에 뛰어들었다고 보기는 어렵다. 사실 페론의 군 경력은 별 볼 일 없었으며, 1930년 쿠데타에서 눈에 띄는 역할을 맡지도 않았다. 하지만 페론은 쿠데타 이후의 정권 변화를 보면서 대중의 지지를 얻는 것이 얼마나 중요한지를 깨닫게 되었다. 그는 1939년 군대 업무차 이탈리아로 출장을 갔는데, 거기서 노동자 운동이 어떻게 베니토 무솔리니Benito Mussolini 체제를 움직이는지 확인했다(Page 1983: 66). 페론과 그의 동조자들은 1943년 정권을 잡았는데, 페론은 그전부터 쿠데타로 정권을 먼저 잡은 후 대중적 지지를 활용해 정권을 유지해야 한다고 생각했으며 잠재적 지지층으로 노동자계급에 주목했다. 따라서 쿠데타를 일으키기 전 군 내에 자신의 동조자들로 구성된 비밀조직을 결성했다(Crassweller 1987: 98).

페론은 노동·사회보장 장관을 맡아 자신의 두 번째 부인인 마리아 에바 두아르테Maria Eva Duarte, 일명 에비타Evita와 함께 임금 인상, 지대地代 동결, 노동조합 인정 등의 정책을 실시하며 노동조합과 빈민층의 지지를 확보했다. 페론은 정부 내에서 자신의 지위를 확보했는데, 1945년이 되면서 국방장관, 전후 평의회 의장, 부통령직을 맡았다. 그러나 이러한 그의 부상은 정부 내 다른 인물들과 갈등을 빚었다.

당시 군사정권에 대한 대중의 불만은 고조되고 있었다. 1945년 10월 군부 지도자들이 페론을 투옥하자 전국적으로 노동자들의 항의가 빗발쳤다. 10월 17일 페론의 석방을 요구하는 30만 명의 시위대가 마요 광장에서 대규모 집회를 벌였는데, 시위대는 페론이 석방되었다는 말을 들은 후에야 비로소 평화롭게 해산했다(Page 1983: 128~133). 페론은 발코니에 나와 자신의 이름을 외치며 자신의 등장에 환호하는 대중에게 인사를 했는데, 이런 페론의 모습은 그가 아르헨티나 국민과 직접 연결되고 진정한 국민적 지지를 받는다는 사실을 상징하는 핵심 요소가 되었다.

다음 해 자유선거가 실시되었고, 페론은 대통령에 당선되었다. 페론은 아르헨티나의 산업화와 경제 개발을 위한 5개년 계획을 발표했다. 에비타는 기업인들을 강압해 받아낸 자선기금으로 아르헨티나 빈민을 지원했고, 페론은 대규모의 부를 재분배하는 정책과 사회보장 정책을 실시했다. 페론과 에비타는 국가 권력을 쟁취하고 진정한 국민적 지지를 얻었으며, 나중에는 문화적 상징으로 남게 되었다. 페론은 유일혁명당Single Party of Revolution(이후 페론주의 정당Peronist Party으로 개명)을 창당해 자신의 정치적 기반을 다졌으며, 노동부 장관만 단체교섭을 할 수 있는 제도를 마련했다. 그는 의회에서 자신을 지지하는 대다수 의원을 앞세워 페론주의에 반대하는 법관을 탄핵하고 몰아냄으로써 대법원이 자신의 정책 집행을 막을 수 없도록 조치했다(Page 1983: 165~167).

페론은 자신의 정책을 실행함으로써 노조의 지지도 얻었다. 그러나 노조의 지지가 완전한 것은 아니었다. 페론은 노조가 독립적으로 활동하는 것을 불허했는데, 바로 이로 인해 노동계와 페론 정부는 단절되었다. 페론 정부는 산업 부문별로 단 하나의 노조만 인정했다(Page 1983: 176). 또한 페론 정부는 아르헨티나 농촌 지역의 농지 소유 형태를 거의 건드리지 못했다. 비록 농촌의 부유층은 페론 정부 시절에 어려움을 겪기는 했지만, 자신의 농지가 압수당하는 것을 막아내는 데 성공했다.

자신의 정치권력을 강화하기 위해 페론은 1948년 헌법을 개정했다. 헌법 개정으로 페론은 대통령에 재선되었고 자신에 대한 반발을 억누르는 데 성공했다. 페론은 자신의 정적이 라디오나 신문 산업에 접근하지 못하게 막고 공직을 수행하는 공직자의 위신에 해를 입히는 행동을 불법화하는 명예훼손법을 이용하는 등의 방법으로 언론의 자유를 억압했다(Page 1983: 209). 정당 관련 업무 처리 방식에서 나타나듯, 페론은 정당에 대한 포퓰리즘 지지자의 불신을 잘 보여주었다. 그는 자신의 정당을 자신의 의지를 실현하는 도구로 만들었으며, 기회만 있으면 반대 정당들을 불법화시켰다.

페론 체제는 사회적 정의, 경제적 자유, 정치적 독립이라는 세 가지 구호로 요약될 수 있다. 이들 구호는 모두 모호하지만 페론체제의 정책이 무엇을 추구하는가를 잘 보여준다. 먼저 '사회적 정의'는 주스티살리스모justicialismo라는 이름으로 표출되었다. 이 개념은 페론이 집권하고 3년 후 등장했는데, 이 개념을 페론이 자신의 정치적 본능을 기반으로 추구해왔던 바를 합리화시킨 원칙이라고 보기는 어렵다(Crassweller 1987: 227). 페론이 말하는 사회적 정의는 도시 노동자들의 생활수준을 개선시키고 헌법 개정을 통해 이들에게 권리를 부여하려는 자신의 정치적 의도를 보여주는 개념이었다. 주스티살리스모는 독재적인 성격을 띠면서도 개념적 유연성을 강조했기 때문에 이 개념을 어떻게 활용할지는 페론의 재량권에 달려 있었다(Page 1983: 220). 이런 의미에서 주스티살리스모는 포퓰리즘 개념의 전형을 보여준다.

'경제적 자유'는 좋게 본다면 모든 국민이 더 나은 삶을 살도록 해준다는 것을 뜻한다. 경제적 자유는 모든 노동자에게 해당되며, 임금을 인상하고 휴일을 늘리는 것을 말한다. 그러나 나쁘게 본다면 국가가 소유 형태를 근본적으로 바꾸지 않는다는 것을 의미한다. 누구의 관점에서 보느냐에 따라 의미가 다르다는 점에서 경제적 자유 역시 포퓰리즘 개념의 전형을 보여준다.

'정치적 독립'은 페론의 대외 정책을 나타내는 것으로서, '제3지대Third Position'라는 이름으로 구체화되었다. 이론적으로 제3지대는 냉전 시대 당시 자유진영과 공산진영의 중간 지대를 의미한다. 실제로 아르헨티나는 미국에 공산주의의 방파제 역할을 하겠다고 자임함으로써 미국을 회유하는 동시에 과도한 자본주의를 비판함으로써 소련의 지지를 얻으려 했다(Crassweller 1987: 228). 또한 제3지대는 주스티살리스모가 추구하는 유연성과 실용주의를 보여주는 또 하나의 사례라 할 수 있다(Crassweller 1987: 228). 즉, 제3지대는 이 용어 자체의 의미를 넘어서는 수많은 의미를 담고 있는 전형적인 포퓰리즘 개념이다.

페론주의를 요약하는 세 가지 구호는 서로 얽혀 있으며, 페론주의 달성이라는 목표를 공유하고 있다. 페론주의는 정치행위자의 이념이다. 정치란 역동적인 과정으로, 이 과정을 지도하는 사람과 국민들의 지지를 동시에 필요로 한다. 정치행위자라는 개념에서 보면, 페론이 리더십을 어떻게 이해하고 있는지 알 수 있다. 페론은 군인의 리더십으로부터 정치 리더십을 창출했으며, 지도자와 추종자 간의 특별한 관계를 강조했다. 지도자의 역할은 대중을 확보하는 것이며, 지도자의 사상이 주입되고 조직화된 대중은 권리와 의무를 가지며 지도자를 따르는 공동체를 창출해내야 한다(Page 1983: 222~223). 따라서 지도자는 대중을 이끌어야 했다. 페이지에 따르면 정치행위자 개념은 "정치를 바라보는 페론의 시각에 도덕성이 없었음을 보여준다. 성공한 것이 좋은 것이며, 성공했다는 사실은 리더십이 있다는 증명이다"라는 것을 암시한다(Page 1983: 223). 페론의 정치행위자 개념은 페론이 (본질적으로 복종적인) 대중에 대해 어떤 태도를 갖고 있었는지, 그리고 왜 그가 정당과 (심지어 그가 장악했던) 의회에 대해 적대적인 태도를 보였는지를 잘 보여준다. 페론은 의회를 지도자와 추종자의 관계를 왜곡시키는 정치제도로 보았던 것이다(Crassweller 1987: 230).

1952년에는 에비타가 세상을 떠났고, 1955년에는 페론이 반대파에 의해 축출*되었다. 페론은 권력을 잃었지만 1973년 3월 선거에서 자신이 지명한 후보**가 대통령으로 당선되면서 페론주의 정당이 정치적으로 성공했고, 결국 1973년 9월 페론은 대통령에 재선되었다. 1973년 9월의 선거 결과로 군부 통치는 종결되었으며, 페론은 아르헨티나에 돌아와 대통령으로 취임했다. (1973년 3월 선거에서 나타난) 페론주의 정당의 승리는 군사정권 지도자에 반대하는 국민을 동원하고 하나로 통합하는 캠페인을 수행했던 페론의 능력에 힘입은 것이었다(Smith 1983). 권좌에 복귀한 후 페론은 이전보다 약한 수준이기는 했지만 임금 인상 정책을 다시 실시했다. 그러나 1974년 7월 그가 심장마비로 사망하면서 페론의 부활은 곧 종말을 고하고 말았다.

포퓰리즘으로서의 페론주의

페론주의는 카리스마적 지도자, 사회개혁 정책, 권위주의 정권을 지지하는 계급동맹을 기반으로 하고 있었다. 페론은 자신의 사상을 페론주의로 묘사하며 다음과 같이 말했다.

---

* 페론은 1955년 가톨릭교회를 탄압하면서 가톨릭 신자들의 지지를 잃었다. 이를 틈타 군부는 쿠데타를 감행해 페론을 실각시켰으며, 페론은 파나마로 망명길에 올랐다. _옮긴이

** 1973년 아르헨티나 대통령 선거에 당선된 이는 엑토르 호세 캄포라(Héctor José Cámpora, 1909~1980)였다. 캄포라는 페론의 개인비서를 맡기도 했던 페론의 측근이다. 대통령 당선 후 아르헨티나의 좌우가 갈등을 겪는 와중에 대통령을 사임했으며, 같은 해 9월 망명에서 귀국한 페론은 아르헨티나 대통령에 재선되었다. _옮긴이

페론주의는 행동으로 표출된 인간주의이며 …… 우리나라의 부가 …… 부를 형성하는 데 기여한 모든 사람에게 공평하게 나누어져야 한다는 사회경제 이념이다. 페론주의는 책을 통해 배울 수 있는 것도, 다른 누군가의 말을 통해 설득될 수 있는 것도 아니다. 페론주의를 접한 사람은 페론주의에 동조할 수도 아니면 반대할 수 있다. 페론주의는 머리의 문제가 아닌 가슴의 문제다(Page 1983: 219 재인용).

페론은 이러한 이념에 대해 대중의 진정어린 지지를 얻는 데 성공했지만, 지지를 얻기 위해 무력에 의존했다.

대중의 지지를 얻어낸 페론의 인간적 매력과 능력이야말로 그가 선거에서 승리할 수 있었던 핵심 원동력이었다. 페론의 카리스마만큼이나 중요했던 것은 재분배 정책을 통해 도시 노동계급과 도시 빈민층의 표를 확보할 수 있도록 만든 계급동맹이었다. 계급동맹을 통해 페론은 제도적·실질적으로 권력을 집중화했다. 유일 페론주의 정당 창당 및 (에비타가 운영한) 유일 자선재단 수립, 대법원에 대한 페론의 태도, 독립적 노조 설립에 대한 반대 등은 그가 자신의 권력을 누군가와 나누는 것을 본능적으로 두려워했음을 의미한다. 페론의 포퓰리즘은 정치적으로는 힘이 약하지만 강력한 중앙집중을 선호하는 사람들을 앞세우고 이들의 지지를 통해 카리스마적 리더십을 수립했으며 이를 기반으로 '국민의popular'* 통치를 실현한 정치라고 요약할 수 있다.

페론 통치 당시 아르헨티나는 일종의 정치체제적 특징을 보이는 실

---

* 문맥에 따라 다소 경멸적인 포퓰리즘의 의미를 담아 '인기 있는'이라고 해석할 수도 있다. _ 옮긴이

천으로서의 포퓰리즘을 보여주었다. 페론은 자신에게 권력으로 부여된 리더십을 활용했고 이를 통해 페론 개인의 인간적 특징은 포퓰리즘 체제의 사상으로 구체화되었다. 일반적으로 대중적 포퓰리즘 운동은 권력으로 승화되기 어렵다. 그러나 페론의 리더십은 이 난관을 효과적으로 극복하는 도구로 활용되었다. 하지만 페론의 리더십은 내부의 모순을 안고 있었다. 페론의 리더십은 부분적으로는 페론이 국민을 대표한다는 민주적 방식을 기초로 성립되었다. 선거를 통해 계급동맹을 형성한 것은 이에 대한 증거였다. 그러나 페론의 독재자적 성향과 카리스마 넘치는 지도자로서의 모습은 민주적 지도자로서의 페론의 모습과 모순을 유발하며 포퓰리즘 정치체제 내부의 긴장으로 이어졌다. 페론의 사례는 포퓰리즘이 민주적 제도 내부의 작동 방식으로서 카리스마적 리더십에 의지하는 한편, 정상적인 민주적 대의 방식과는 근본적으로 어긋난다는 것을 보여준다.

국가적 위기를 강조한 것은 페론이 권좌에 오를 수 있었던 원동력이었으며 이는 페론이 왜 리더십의 중요성을 강조했는지를 보여준다. 페론은 경제적·정치적 위기를 자신의 정책 추진을 정당화하는 근거로 삼았으며, 이를 통해 불안정한 시기에 정치적 안정을 달성할 수 있었다. 페론의 신비로운 위상이 잘 보여주듯, 위기는 페론 체제에서 페론 개인이 왜 중요한지를 보여주었다. 즉, 페론 개인의 특징이 페론 체제의 연속성과 안정성을 담보할 수 있는 유일한 희망이었다.

라틴아메리카의 포퓰리즘 정책은 언제나 혁명보다는 개혁을 추구했으며, 현상 유지 전략을 택했다. 자신의 선거 기반을 다지고 지지 기반을 넓히기 위해 페론과 바르가스는 노동자계급에 접근했다. 이들은 권좌에 오른 후 권력을 강화하기 위해 기존 정치 시스템을 더욱 중앙집중화했다. 페론의 주스티실리스모 이념은 공산주의와 자본주의 사이에서 중도를 추구하겠다는 의도적 노력의 결과물이었다. 지도자가 아닌 포퓰리즘 지지자의 입장에서 본다면, 포퓰리즘 지지자가 리더십, 특히 개인화된 카리스마적 리더십을 강조한 이유는 혁명보다는 변화를 갈구했기 때문이다. 포퓰리즘 지지자는 정치 시스템을 근본적으로 바꿀 필요성을 느끼지 않는다. 포퓰리즘 지지자가 단지 원하는 것은 엄청난 위기의 순간에 국민적 지혜가 의인화된 형태로 나타난 위대한 지도자다. 즉, 포퓰리즘 정치에서는 리더십이 혁명을 대체한다.

06

캐나다의 포퓰리즘 사례
:
사회신용당과 종교적 포퓰리즘

19세기 급진적 농민운동을 기반으로 한 미국의 포퓰리즘 운동은 1930년대 캐나다의 앨버타주*에 큰 영향을 끼쳤다. 당시 농민운동은 정당 시스템에 대한 대중의 불만과 정당 시스템의 폭발적 변화를 배경으로 급진적인 반체제적 경제철학으로 무장했는데, 이 같은 대규모 농민운동이 주도한 사회신용운동Social Credit'**은 앨버타주에서 큰 호응을 얻었으며 더 나아가 당시 캐나다 국내 정치에도 영향을 끼쳤다. 미국의 국민당과 달리 사회신용당에서는 개인의 카리스마적 리더십이 두드러졌

* 미국 몬태나주의 북쪽이자 캐나다 중서부에 위치한 주로, 농업과 임업 등이 주요 산업이다. 이 장에서 소개하는 사회신용운동이 등장한 당시에도 앨버타주의 주요 산업은 농업이었다. 미국 농민이 주축이 된 포퓰리즘 운동의 주장이 앨버타주에서 호응을 얻을 수 있었던 것은 바로 이 때문이다. _옮긴이

** 맥락에 따라 'Social Credit'를 '사회신용당' 또는 '사회신용운동'으로 번역했다. _옮긴이

다. 이런 점에서 사회신용당은 제2차 세계대전 후 리더십을 발휘했던 아르헨티나 페론의 포퓰리즘과도 유사하다. 사회신용당의 사상적 특징이라는 측면에서 본다면, 러시아의 나로드니키를 떠올릴 수도 있다. 왜냐하면 캐나다의 사회신용운동 역시 대중운동을 동원하고 합법화하는 과정의 기반이 된 것은 외부 사상이었기 때문이다. 사회신용당의 역사를 살펴보면, 사회신용운동이 태동할 당시에는 포퓰리즘 운동이 중요했지만 사회신용운동의 이념이 실천될 당시에는 포퓰리즘 운동에서 벗어났음을 알 수 있다.

사회신용운동의 등장

사회신용운동의 철학은 개인의 권리에 대한 윤리철학을 바탕으로 자본주의 대공황과 인플레이션을 완화시키고자 하는 경제적·윤리적 이론을 기반으로 하고 있다. 사회신용운동의 철학은 스코틀랜드 공학자 클리퍼드 더글러스Clifford Douglas가 처음으로 제시한 것으로, 기계가 등장한 시기에 금융 시스템의 여파로 등장한 '풍요 속의 빈곤'을 설명하기 위한 이론이었다.[1] 사회신용운동의 철학은 반자본주의를 내세우지 않았다. 그러나 사회신용운동 철학에서는 국유화 대상이어야 하는 산업 분야를 언급하고 있으며, 국가가 금융 시스템을 통제해야 한다고 주장한다. 국가는 재화의 정당한 가격을 결정할 수 있으며, 실제 국부의

1 더글러스의 이론 전반에 대한 설명으로는 맥퍼슨의 글(Macpherson 1962), 특히 4장, 5장, 7장을 눈여겨보기 바란다.

크기를 조사한 결과를 기반으로 국민의 기본적 필요에 맞게 모든 국민에게 국부에 대한 배당금을 분배할 수 있다는 것이다(Irving 1959: 5~6).

더글러스는 자신의 저술에서 현재의 민주주의 정당 시스템은 경제 시스템의 목적에 맞는 실질적 정책은 도외시한 채 "처리 방법을 둘러싸고 아무짝에도 소용없는 논쟁에 국민의 관심을 돌리는" 구조라고 주장했다[더글러스의 주장은 Macpherson(1962: 127)에서 재인용]. 사회신용운동은 사회신용 정책을 실현하기 위해서는 전문가 집단이 경제 시스템의 목적에 맞는 정책을 현실화시킬 수 있는 구조를 개발하고 국민은 이에 대한 설명을 충분히 들어야 한다고 주장했는데, 이러한 철학적 주장은 정치적 이론으로 이어졌다(Macpherson 1962). 엘리트 집단, 특히 특정 분야의 교육받은 엘리트 집단에게 권력을 부여해야 한다는 점을 명시화했다는 점에서 사회신용운동을 일반적인 포퓰리즘 현상이라고 보기는 어렵지만, 여기에 포함되지 않는 엘리트로 정치인을 꼽았다는 점에서는 포퓰리즘 성격을 갖고 있다. 캐나다에서 사회신용 정책을 집행하기 위해 선출된 정치인들은 이처럼 독특한 더글러스의 주장으로 인해 당혹스러운 상황에 처하게 되었다.

교사와 전도사 경력을 가졌던 윌리엄 애버하트William Aberhart*는 1930년대 대공황 당시 캐나다 앨버타주에 사회신용철학을 소개했다. 애버하트는 자신의 웅변술을 활용해 사회신용당의 메시지를 라디오로 전파했으며, 사회신용철학 학습모임을 조직하고 1933년 캘거리에서 대중

* 윌리엄 애버하트(1878~1943)는 캐나다 정치인으로 제7대 앨버타 주지사를 역임했다. 앨버타 사회신용당의 창립 멤버로 활동했던 애버하트는 사회신용당 창당 이전에 침례교 전도사로 활동할 정도로 성서적 지식이 해박했기 때문에 '바이블 빌(Bible Bill)'이라고도 불렸다(빌은 그의 이름인 윌리엄의 약칭이다). _옮긴이

집회를 가졌다(Irving 1959: 51~52, 58). 그의 종교적 웅변과 대공황에 대한 논평은 사회신용철학을 유행시키는 데 기여했다. 그는 사회신용운동과 관련된 메시지를 전달하기 위해 대중적 커뮤니케이션 기법을 활용했다. 예를 들어 앨버타주에 〈화성인Man from Mars〉'*이라는 라디오 프로그램을 소개했으며, 이를 통해 자신의 정치적 사상을 대중에게 전파했다. 그는 대중적인 스타일로 연설했는데, 경제대공황에 대응하는 기존 정치인의 모습을 상징하기 위해 누더기가 된 코트를 입고 나타나기도 했다(Irving 1959: 339).

세속적 인사들이 사회신용운동에서 중요한 지위를 차지하게 되면서 사회신용운동이 캐나다 전역으로 확산되어야 한다고 주장하는 사람들과 앨버타주 내에서도 충분하다는 사람들 사이의 분열이 발생하는 등 사회신용운동 내부에 갈등이 고조되었다. 애버하트는 사회신용운동을 위한 공간이 앨버타주만으로 충분하다고 주장했는데, 이로 인해 사회신용운동의 수뇌부 지위에서 밀려났다. 클리퍼드 더글러스의 앨버타주 방문을 계기로 새로운 지도부는 애버하트를 무력화시키고 그를 사회신용운동에서 배제하려 시도했다. 더글러스 역시 가능한 한 사회신용철학이 앨버트주를 넘어 널리 확산되어야 한다고 생각했다. 역설적이게도 더글러스의 이런 행동으로 인해 애버하트는 더 큰 주목을 받게 되었다. 왜냐하면 더글러스의 연설은 밋밋하고 잘난 체하는 것처럼 보였기 때문이다. 더글러스와 애버하트의 논쟁을 지켜본 대중은 새 지도

* 〈화성인〉은 정치 풍자 장르의 라디오 프로그램이다. 만약 지구와 아무런 관련이 없는 화성인이 지구에 왔더라도 사회신용당 정책의 타당성에 고개를 끄덕일 수밖에 없다는 내용으로, 대공황에 제대로 대응하지 못하는 기존 정치인과 정당을 풍자했다. _옮긴이

부에 사임을 요구했고, 애버하트는 사회신용운동의 주도권을 되찾았다. 그 결과 앨버타주에서는 더글러스보다 애버하트가 더글러스의 사회신용철학에 대해 더 큰 권위를 갖게 되었다.

애버하트가 1934년 사회신용운동에 몸담았을 때까지 사회신용운동은 본질적으로 압력을 행사하는 사회운동 수준에 머무르고 있었다. 애버하트는 다수당을 둘러싼 갈등 속에서 기회를 잡았다. 사회신용당이 첫 발을 내딛던 당시 다수당은 1921년부터 앨버타주를 장악했던 앨버타 농민연합당United Farmers of Alberta: UFA이었다. UFA는 기존 정당 시스템을 비판하며 두각을 나타낸 정당이었다. 당시 UFA는 스캔들에 휘말려 다수당으로서의 위상이 위태로운 상황이었는데, 사회신용당은 UFA와 대립하면서 이 기회를 잘 활용했다. 사회신용운동은 농민층으로부터 호응을 얻었기 때문에 농민층을 대표하는 기존 주요 조직이 해체되는 것이 사회신용당의 성공에 매우 중요했다.

정치에 더 직접적으로 관여하게 된 애버하트는 라디오를 통해 기존 정치 조직에 의해 정치가 장악되었기 때문에 정직한 수많은 국민이 정치에 나서지 못한다고 주장했다. 애버하트는 라디오 청취자들에게 청취자의 지역구에 정직한 인물이 얼마나 많은지, 그리고 그 인물이 어떤 재능이 있는지를 익명의 편지로 자세하게 알려달라고 부탁했다. 약 400명의 인물을 접수받고 선별 과정을 거친 후 이들을 차기 선거에서 사회신용당의 후보자로 공천했다(Irving 1959: 112). 애버하트는 1935년 1월 UFA에 사회신용철학을 UFA의 강령으로 포함시켜달라고 설득했지만, 이는 결국 실패로 끝났다.

이에 애버하트는 1935년 선거에서 독립된 정치세력으로 정치권에 진입하기 위해 사회신용운동 지지자들을 결집시켰다. 애버하트는 사회신용당이 정당이 되지 못할 수도 있다고 불안해했다. 왜냐하면 애버하트는 사회신용운동 지지자들이 기존 정당이 보여주던 부패나 횡령과는 아무런 관련이 없는 순수한 십자군으로 남길 바랄지도 모른다고 생각했기 때문이다. 그러나 애버하트는 여론조사를 통해 선거 전략을 수립하고 수차례의 전당대회를 통해 사회운동에서 정당으로 변모하는 추진력을 얻었다(Irving 1959: 123~129). 애버하트는 비록 자신이 사회신용당을 주도하고 있지만 사회신용당은 아래로부터의 움직임을 기반으로 선거를 통해 주도적 정치세력으로 변모해야 한다고 생각했다. 이는 매우 현명한 생각이었다. 애버하트는 자신이 독재자라는 비난에 대해 다음과 같이 말했다. "나를 움직이는 것은 성령이다. 나의 행동은 굶주린 이들에게 옷, 음식, 안식처를 제공하는 것뿐이다. 만약 이러한 행동 때문에 나를 독재자라고 부른다면 그렇게 불러라. 나는 독재자다"(Irving 1959: 136 재인용).

애버하트의 리더십은 놀라운 결과를 낳았다. 1935년 선거에서 UFA는 단 하나의 의석도 얻지 못한 반면, 사회신용당은 63석 중 56석을 획득했던 것이다. 하지만 공직을 맡자 애버하트는 사회신용 정책 프로그램을 실행하는 데 상당한 어려움을 겪었으며, 금융기구의 견제와 싸워야 했다. 그는 주의회를 거치지 않고 라디오를 이용하거나 선거로 당선된 사회신용당 요인과 함께 대중에게 직접 다가가 호소하는 방법을 택했다. 한편 사회신용당 내부의 반발에 직면하자 애버하트는 엄청난 권력을 행사할 수 있는 위원회를 구성하는 방식을 통해 의회와 사회신용당 내부의 반발 세력이 정책 결정 과정에 참여할 수 없게끔 배제했다. 그러다가 제2차 세계대전의 발발과 함께 정치 상황이 변하자 사회신용당은 캐나다 연방정부와 다른 행보를 취할 수 없게 되었다(Macpherson

1962: 202). 1943년 애버하트가 사망했다. 이후 전쟁이 끝나자 사회신용당은 사회주의 반대에 주력했다. 1948년에는 사회신용당 위원회가 해산했다. 사회신용당은 1971년까지 앨버타주를 계속 지배했지만, 애버하트가 애초에 내세웠던 포퓰리즘 정책들은 결국 빠르게 사라지는 운명을 겪었다.

포퓰리즘으로서의 사회신용당

1930년대 앨버타주의 사회신용당은 상대 정치세력의 악마화, 혁명까지는 아니지만 급진적인 개혁에 대한 옹호, 국가의 개입 지지, 포퓰리즘 지도자 숭배 등과 같은 핵심적 포퓰리즘 요소들을 내포하고 있었다. 사회신용당은 근본적으로 애버하트와 같은 카리스마적인 개인 리더십을 바탕으로 움직였고, 금융 및 경제 엘리트 집단에 대한 적대감을 통해 강력한 국가 개입과 평등주의를 동시에 제시하는 사회적·경제적 개혁 철학을 제시했다. 사회신용운동은 초기에 미국 포퓰리즘 운동에서 중요한 역할을 수행했던 농민연맹 전도사와 유사한 강력한 교육자 육성 전략을 계획하기도 했다. 일반 국민에게서 지혜를 찾는 것이 포퓰리즘의 특징이라는 사실을 고려하면 이상할 수도 있지만, 포퓰리즘은 지혜를 보유하고 있다고 여겨지는 일반 국민에게는 교육을 시도하기도 한다. 애버하트가 양성한 사회신용철학 학습 집단은 애버하트가 이끄는 정치적 운동의 지지 집단이 되는 결과로 이어졌다. 하지만 사회신용운동의 성공과 정계 진출로 인해 사회신용당은 권력을 얻는 데에도 제도화를 이루는 데에도 어려움에 봉착했다. 반정치 정당이라는 점에서 사회신용당은 매력적이었으나, 애버하트가 앨버타주의 권력을 장악한 후에는 권력을 차지했다는 바로 그 사실로 인해 사회신용당의 입지가 약화되었다.

다른 포퓰리즘 운동과 비교할 때, 사회신용운동은 포퓰리즘 사상이 어디에서 발원했는지와 관련해서도 독특한 면이 있다. 일반적으로 포퓰리즘은 참여자의 마음속 이상향에 근거한다. 그리고 이 이상향에 거주하는 국민을 운동의 근원으로 삼으면서 외부에서 도입된 사상에 대해서는 적대적 태도를 띠는 것이 보통이다. 내부에서 제시된 이념 및 이에 대한 포퓰리즘 참여자의 숭배는 러시아의 나로드니키 사례에서 가장 명확하게 드러나며, 이는 다른 포퓰리즘 사례에서도 관찰된다. 이런 점에서 스코틀랜드 사람인 더글러스의 사상이 사회신용운동 전반과 당시 앨버타주의 정치를 아울렀다는 것은 의문이 아닐 수 없다. 그러나 애버하트의 리더십을 보면 이 의문은 풀린다. 사회신용 사상 자체는 물론 사회신용운동 지지자들까지 힘을 얻게 된 이유는 사회신용철학의 해석자라는 지도자적 위치를 차지한 애버하트가 더글러스의 사상을 옹호했기 때문이며, 바로 이로 인해 사회신용운동에서 더글러스의 위상은 약화되었다.

아르헨티나의 페론과 마찬가지로 애버하트 또한 사회신용당 내에서 중요한 위치와 비중을 차지했다. 여기서 알 수 있듯 사회신용운동은 포퓰리즘 운동에서 개인의 리더십이 차지하는 위상을 보여주는 또 다른 사례다. 애버하트 리더십의 특징을 잘 보여주는 것은 포퓰리즘 운동에서 드러난 그의 준종교적 언어다. 전도사였던 애버하트의 경력은 그가 사회신용운동을 수행하면서 보여준 말하기 방식과 무관하지 않다. 애버하트가 사회신용철학에 관심을 갖게 된 것은 갑작스럽게 다가와 삶을 바꿔놓는 종교의 개종 경험과 유사했다. 사회신용철학을 옹호하는 애버하트의 말투와 단어는 종교인을 떠올리게 했다. 애버하트의 추종자들은 애버하트를 사회신용사상에 대해 내밀한 지식을 갖고 있는 사회신용사상의 사제라고 여겼으며, 애버하트는 스스로 사회신용사상의 실습교사이자 해석자처럼 행동했다. 애버하트가 사용한 강력한 준종교적 말하기 방식은 포퓰리스트 정치인이 경제적 위기를 해소하기 위해 제도 정치와는 딱히 관련이 없는 사상을 어디까지 밀어붙일 수 있는지를 잘 보여준다.

사회신용당은, 정책 추진을 위한 위원회를 구성한 사례에서 잘 드러나듯, 일반적인 기성정치에 대해 적대적이었으며 대의주의적 정치를 명시적으로 거부했다. 사회신용당에서는 사회정의와 경제 문제에 대한 기술적 해결책을 마련하기 위해서는 국민의 이익을 중심으로 단합한 전문가 집단이 필요하다는 정치이론을 설파하면서, 현실의 대의정치는 이를 실현할 수 없다고 주장했다. 대의정치는 정치의 목적이 사회적 갈등을 해소하는 것이므로 근본적인 이해 갈등은 피할 수 없다는 정치 이론을 기반으로 한다. 사회신용당 사례가 보여주듯, 전문가를 통한 갈등 해결을 주장하는 것은 대의정치 자체의 핵심 사상을 거부하는 것이나 다름없다.

사회신용운동은 매우 성공한 사회운동이었다. 그러나 사회신용당은 정권을 획득한 후 많은 문제점을 드러냈다. 사회신용운동은 사회신용철학을 정부에서 일관적이고 체계적으로 실현하는 데 실패했다. 물론 포퓰리즘 운동을 현실에 좌절하고 불만을 품은 사람들을 새로운 방식으로 연합시킴으로써 기존 엘리트를 대체하는 것이라고 좁게 정의한다면 사회신용운동은 실패한 운동이 아닐지도 모른다.

포퓰리즘을 대중적 운동으로, (애버하트에게서 나타난 것처럼) 리더십으로, (사회신용철학이라는) 명확한 사상들의 집합으로, 그리고 (앨버타주의 사회신용당 정부처럼) 이 모든 것을 통합한 정치체제로 파악할 수 있다는 점에서 사회신용당은 포퓰리즘의 예외적인 사례다. 사회신용당은 포퓰리즘 운동 가운데 사회운동으로서 성공한 사례이기도 하지만 포퓰리즘 사상이 그만큼 실현되기 어렵다는 것을 보여주는 사례이기도 하다.

POPULISM

07

신포퓰리즘

신포퓰리즘은 20세기 후반부터 지금까지 서유럽을 중심으로(물론 다른 지역도 포함된다) 등장하고 있는 포퓰리즘 형태를 일컫는다. 신포퓰리즘은 특정 핵심 정당의 통치와 안건에 반발하며 정치적으로 극우적 성격을 띠는 여러 정당에서 발견된다. 일반적으로 신포퓰리즘은 특정 정치 지도자를 중심으로 주도된다. 신포퓰리즘 정당은 1970~1980년대 좌파의 '신정치new politics' 운동 및 정당을 본받았으며, 현존 정치에 대한 이데올로기적 비판과 정치 정당에 대한 국민의 불신이라는 구조적 특징을 융합했다. 앞서 살펴본 포퓰리즘 사례와 달리, 신포퓰리즘은 단일 정당 또는 단일 운동이 아니라 같은 시기의 몇몇 유사한 정치적 주장을 공유하면서 다양한 국가에서 다양한 정당의 형태로 나타난다는 특징을 갖는다. 신포퓰리즘 정당이 동시대에 여러 곳에서 유사한 형태로 탄생하는 것은 결코 우연이 아니다.

포퓰리즘 전반에 나타나는 제도정치에 대한 적대감은 신포퓰리즘에서도 잘 드러난다. 정당, 정당 시스템, 정당정치 안건들에 대한 무차별적 비판이 여러 국가에서 동시적으로 나타나는 신포퓰리즘은 넓은 맥락에서 현대 정당정치의 상황이 어떤지를 명확하게 보여준다.

서유럽의 신포퓰리즘

제2차 세계대전 이후 대부분의 서유럽 국가는 정치적으로는 사회민주주의의 이상을, 경제적으로는 혼합경제, 케인스주의, 복지국가 등의 가치를 충실히 추구했는데, 사회민주당, 기독민주당, 보수당, 자유당 등은 모두 이런 가치를 존중하고 합의했다는 공통점을 갖고 있다. 새로운 정당 및 새로운 정책 안건에 아울러 사회민주주의는 대중이 당원으로 참여하는 새로운 형태의 정치 정당과 대중 정당을 형성하는 데 기여했다.

제2차 세계대전 이후 사회적 합의에 대한 첫 번째 도전으로 등장한 것은 1970~1980년대 신사회운동이었다. 신사회운동은 환경, 페미니즘, 학생의 권리 등을 추구했으며, 반핵·반전의 입장을 견지했다. 신사회운동은 '신정치'라는 이름으로 새로운 정당을 출범했다. 당시 새로 탄생한 정당은 녹색당처럼 전통적 좌파가 추구한 평등주의와 자유지상주의를 통합한 신좌파 정당들이다. 이들 정당은 제2차 세계대전 이후 구축된 정당 시스템에 효과적으로 진입한 신생 정당으로, 전후 여러 정파가 합의한 체제에서 나타났던 국가와 권력기구의 확산에 반대했다. 신좌파 정당들은 주요 정당이 합의했던 정치체제는 물론 중도 좌파와 사회민주주의, 노동당에 대해서도 도전장을 던졌다. 신좌파 정당들은 기존 정당을 비판하는 한편, 중도 좌파 정당의 지지자들 및 정책도 공략했다.

신정치를 추구하는 정당들은 정책 안건은 물론 정치 스타일에서도 새로운 방식을 도입해 기존 정치에 도전장을 내밀었다. 녹색당은 관료국가에 반대하는 동시에, 경직되고 관료주의적이며 위계적인 기존 정당들에도 반대했다. 녹색당은 기존의 지도자와는 다르게 '대변인'을 자임하는 겸손한 리더십을 기반으로 정당 조직을 구성했다. 이 정당들은 성 평등과 같은 새로운 정치 사안에 집중하면서 공직에서의 남녀 비율을 맞추고 집단 지도체제를 선택하는 등 다양한 노력을 경주했다. 또한 정치의 사유화 현상을 막기 위해 순환 근무를 채택해 정당 내부의 개별 정치인이 핵심 요직에 오래 머물지 못하도록 했다.

정당 시스템에서 좌파적 색채를 지닌 신정치의 물결이 일어난 후 정치적으로 반대편 스펙트럼에 놓인 정당들이 성공을 거두기 시작했다. 1980~1990년대에 이념적으로 극우 성향을 띤 정당들에 대한 지지율이 상승하기 시작한 것이다. 몇몇 연구자는 이러한 현상을 두 차례의 세계대전 기간 사이에 나타난 정치적 상황이 다시 등장하고 파시즘이 부활하는 것이라고 지적하면서 이러한 현상에 네오파시즘이라는 이름을 붙이기도 했다[이러한 연구자로는 Cheles et al.(1995) 참조]. 그러나 제2차 세계대전 후 정당 시스템에서 현실적 힘은 미미했지만 사라진 적은 없었던 네오파시즘이 새로운 형태의 포퓰리즘과 함께 우연히 같은 시기에 등장했다고 보는 것이 실제 상황에 더 부합한다고 볼 수 있다.[1] 이러한 신포퓰리즘은 과도하게 관료화된 복지국가의 확장을 비판하고 기존 정치 정당의 부패와 야합을 비판한다는 점에서 신정치와 유사하다. 신포퓰리즘은 제2차 세계대전 후 정당 간 합의 체제를 거부한다는 점에서 신정치와 유사하다. 그러나 과세, 이민, 민족주의, 지역주의를 중심으로 정치의 재구성을 추진한다는 점에서는 신정치와 구분된다. 신포퓰리즘에서 주장하는 이슈들은 신포퓰리즘이 등장하는 국가 상황에 따라 다르다. 신포퓰리즘과 네오파시즘이 결합된 극우 정당은 서유럽 정치 시스템에 엄청난 영향을 끼칠 수도 있다는 점에서 현실적으로 정치적·선거적 폭발력이 작지만은 않다.

현대 복지국가는 자본주의 혼합경제를 추구하는데, 신포퓰리즘은 이 같은 현대 복지국가의 정치적 안건, 제도, 정당성을 거부하는 현대적 형태의 포퓰리즘이다. 또한 신포퓰리즘은 제2차 세계대전 이후 정당들이 합의한 체제를 거부한다. 특히 현재의 정치 형태, 그중에서도 주요 정당 간의 정당정치를 거부하며 새로운 방식으로 정당을 조직하려 한다는 점에서 신정치와 맥을 같이한다.

신포퓰리즘 정당은 기존 정당과는 전혀 다른 방식으로 정당을 조직한다. 이러한 이유 중 하나는 포퓰리즘이 일반적인 의미로는 정치제도를, 구체적으로는 정치 정당을 본능적으로 불신하기 때문이다. 실제로

---

1 이와 같은 새로운 움직임을 묘사하는 용어와 정의는 수없이 많다. 나는 이를 신포퓰리즘(new populism)(Taggart 1995; 1996)이라고 지칭했고, 나와 비슷하게 이머폴(Immerfall 1998)은 '네오-포퓰리즘(neo-populism)'이라고 불렀다. 베츠(Betz 1994, 1998)는 '급진 우파(radical far-right) 포퓰리즘'이라는 용어를, 이그나치(Ignazi 1992)는 '신우파 정당(new right-wing parties)'이라는 용어를, 키트셸트(Kitschelt 1995), 그리고 머클과 와인버그(Merkl and Weinberg 1993)는 '현대 급진 우파(contemporary radical right)'라는 용어를 사용했다. 어떤 저자(Hainsworth 1992; Harris 1990)는 '극단적 우파(extreme right)'라는 용어로 다양한 급진 우파 세력을 아우르는 포괄적 용어(umbrella term)를 사용한 반면, 다른 저자들(Cheles et al., 1995)은 이들 정당이 파시즘의 부활을 의미할 뿐이라는 우려를 표명하며 '네오파시즘'이라는 구체적인 용어를 사용하기도 했다.

신포퓰리즘 정당은 정당 구성원들의 적극적이고 직접적인 참여를 매우 강조한다. 이와 동시에 역설적으로 유력한 개별 정치인의 개인화된 리더십에 의존하는 양상을 보인다.

정당을 조직하고 유권자를 설득하는 방식도 기존 정당과 다르다. 신포퓰리즘 정당은 다른 정당과의 차별화를 위해 정치 변화의 필요성을 역설하고 주요 정당의 부패와 야합을 비판하는 메시지를 은밀하게 강조한다. 신포퓰리즘 정당은 자신들이 이념적으로는 현존하는 정당 시스템의 외부자라고 주장하면서, 자신들은 일반 국민의 상식을 따르며 이미 사라진 과거 정치의 긍정적 측면을 회복하려 한다고 강조한다.

신포퓰리즘에 호응하는 유권자들이 누구인지 정확히 알기는 어렵다. 신포퓰리즘은 사회와 상황에 따라 다른 방식으로 나타나기 때문이다. 그러나 신포퓰리즘을 지지하는 유권자는 다음 두 가지 특징을 갖는다. 첫째, 사적인 경제 영역에 고용되어 있고 도시에 거주하는 젊은 남성 집단이다(Taggart 1995: 43). 둘째, 모든 정치적 스펙트럼에서(이전 투표 행태를 기준으로) 나타난다는 점에서 유동적인 존재라는 특징을 갖는다. 이들은 기존 정당에 대한 충성도가 낮으며, 따라서 신포퓰리즘 정당에 대해서도 충성심을 가지거나 집착하지 않을 가능성이 높다. 이런 점에서 신포퓰리즘 정당의 지지자는 자신이 투표한 정당에 대한 '반정당 의식'을 갖고 있다고 할 수 있다.

신포퓰리즘에서는 일반적인 포퓰리즘에서 나타나는 반제도적 특성이 현대적인 형태로 표출된다. 따라서 신포퓰리즘은 유권자들이 반제도주의를 표현하거나 열망하는 상황에서 두드러지게 드러난 이슈를 활용한다. 이 점에서 신포퓰리즘은 포퓰리즘의 카멜레온적 특성을 잘 드러낸다고 할 수 있다. 여러 서유럽 국가의 현대 유권자들이 신포퓰리즘 정당을 선택하는 상황은 대의정치의 현실, 특히 서유럽 국가에서 정당 시스템이 처한 현실을 잘 보여준다. 신포퓰리즘이 서유럽 국가에만 한정된 것은 아니지만, 서유럽 국가에서 나타나는 다양하고 폭넓은 신포퓰리즘 현상은 신포퓰리즘을 이해하기에 가장 적합한 환경을 제공한다. 신포퓰리즘은 현대 자유민주주의의 정당 시스템에 내재한 특정한 유형 및 경향에 대한 반작용으로 등장하고 있다. 이들 시스템을 구성하는 주요 정당의 안건과 선거를 통한 대의 표출 방식은 신포퓰리즘이 체제에 대해 작지만 무시하기 어려운 저항을 키우는 기름진 토양이 되고 있다.

서유럽의 신포퓰리즘 정당

일반적인 포퓰리즘과 마찬가지로 신포퓰리즘 역시 특수한 환경을 배경으로 한다. 모든 신포퓰리즘은 관료주의적 복지국가 체제를 비판하면서 등장했는데, 각 나라마다 정당 및 정치 시스템이 다르기 때문에 서로 다른 '자극'이 정치 시스템에 대한 반발을 야기하고 있다. 복지 시스템이 잘 갖추어진 스칸디나비아 국가들에서 나타난 신포퓰리즘은 높은 세금 부담과 개방적 이민 정책에 초점을 맞추고 있다. 지역적·민족적으로 차이가 큰 벨기에, 이탈리아, 스위스 같은 국가에서는 지역적·민족적 정체성 문제에 초점을 맞추고 있다. 프랑스, 오스트리아, 독일처럼 이민자 문제가 고도의 정치적 이슈인 국가에서는 새로운 이민자 공동체가 희생양이 되며 해당 국가가 처한 인종적·민족적 사안을 기반으로 신포퓰리즘이 형성되어 있다. 이들 국가를 잘 살펴보면, 신포퓰리즘이 등장하는 독특한 환경은 더욱 넓은 개념의 포퓰리즘과 연속선상에 존재한다는 것을 알 수 있다.

프랑스의 신포퓰리즘은 유럽의 극우 전반을 상징하는 국민전선Front National이 성공한 데서 잘 드러난다. 국민전선의 창립자이자 지도자는 장-마리 르펜Jean-Marie Le Pen이다. 르펜은 1956년 상공인옹호조합Union de Défense des Commerçants et Artisans: UDCA의 대표로 선출되었다는 점에서 프랑스의 과거 포퓰리즘과도 연결된다. UDCA는 피에르 푸자드Pierre Poujade* 가 이끌었던 정당이다.

푸자드주의Poujadism은 1953년 다수의 지역 소상인 계급이 행동에 나서면서 태동했다. 이들은 세금과 정부의 권위를 비판하면서 전형적인 포퓰리즘식 저항운동을 전개했다. 예를 들어 이들 지역 소상인은 징세관이 상점을 방문할 때 가게 밖에 모여 대규모 시위를 벌이거나 징세관이 들어오지 못하게 막는 식의 투쟁을 벌였다. 이는 다수의 지역 소상인 계급이 자신들의 불만을 표현하는 방법이었다. 1954년 UDCA는 전국적인 운동을 전개했다.

이 운동에서 지도자로 부상한 인물이 피에르 푸자드다. 지역 소상인 계급을 대변한 그는 서민적인 성품과 개성을 기반으로 대중적 지지를 얻는 데 성공했다(Hoffman 1956: 32~33). 푸자드는 단순하고 직설적인 언

---

* 피에르 푸자드(1920~2003)는 프랑스 제4공화국(1946~1958) 말기에 반짝 인기를 끌었지만 제5공화국(1958~현재)이 등장하면서 몰락한 포퓰리즘 정치인이다. 제2차 세계대전 후 경제적으로 어려움을 겪었던 중소 상공인의 이익을 대변했으며, 세율 인하와 집산주의를 옹호했다. 사회 변화로 인해 경제적 난관에 처한 사회적 약자들을 정치적으로 대변하려는 포퓰리즘 운동을 흔히 푸자드주의라고 부른다. 푸자드주의는 본문에도 제시되어 있다. _옮긴이

어를 사용했으며, 셔츠만 입은 채* 연설을 하는 등 자신이 소상인 계급의 일원으로 소상인을 대표한다는 이미지를 구축했다(Eatwell 1982: 75). 푸자드 운동은 높은 과세, 파리를 중심으로 하는 정치, 관료주의, 정치인 일반에 대해 적대적인 태도를 취했다. 1955년, 푸자드는 '상공인조합과 프랑스 형제들Union et fraternité française: UFF'이라는 이름의 정당을 설립했다. 이 정당은 1956년 전국 선거에서 11.6%를 득표했으며 총 52석을 확보했다(르펜의 의석 포함).

푸자드주의는 1956년 가장 높은 인기를 구가했다. 그러나 이후 선거에서 UFF의 득표력은 급감했으며, 당의 내분과 알제리 전쟁으로 프랑스 정치 환경이 변화하면서 당세가 크게 약화되었다. 1972년 국민전선을 창립할 당시 르펜은 포퓰리즘적인 푸자드주의의 유산을 효과적으로 되살렸고, 아울러 호전적인 민족주의를 바탕으로 한 반이민 메시지를 통해 프랑스 유권자 일부의 호응을 얻었다. 1984년 국민전선은 선거에서 11%를 득표해 호전적 우파 포퓰리즘으로 이름을 떨치면서 유럽과 전 세계의 주목을 받았다. 1997년에는 프랑스 정당 시스템에서 무시할 수 없는 존재로 부상해 대통령 선거와 의회 선거에서 15%를 득표했다.

국민전선이 성공한 핵심 요인은 르펜의 개성과 리더십이었다. 르펜은 권력을 자신에게 집중시키는 매우 권위적인 리더십을 통해 국민전선을 이끌었다. 선거에서 승리한 르펜은 자신의 이미지를 호전적인 허풍선으로 구축함으로써 당의 복종을 이끌어냈다. 그러나 르펜의 보좌관이던 브뤼노 메그레Bruno Megret가 르펜에게 반기를 들면서 르펜의 당

---

* 일반적으로 정치 엘리트는 정장이나 예복을 차려입고 연설을 한다. _옮긴이

장악력은 타격을 입었으며, 이 과정에서 국민전선은 분당 사태를 겪기도 했다. 르펜은 이제 더 이상 프랑스의 유일한 극우 정치지도자가 아니다. 그러나 르펜으로 인해 국민전선은 부상할 수 있었으며, 더 나아가 유럽에서 극우 정치가 부상하게 되었다. 가장 좋은 성적을 낸 서유럽 극우 정당 중 하나인 국민전선이 선거에서 그 같은 성과를 거둘 수 있었던 것은 신포퓰리즘을 네오파시즘과 적절하게 혼합했기 때문이다. 국민전선은 정당 시스템에 극우 정당이 진입할 수 있는 가능성을 보여준 사례였다.

유럽의 극우정치인 가운데 중요한 또 다른 인물은 오스트리아의 외르크 하이더Jörg Haider다. 하이더는 히틀러의 고용 정책을 지지한다는 말로 악명을 떨친 인물이다. 그러나 그가 정치적으로 성공한 비결은 기존 오스트리아의 정치 시스템을 비판함과 아울러 외국인 혐오 감정을 일깨웠기 때문이다. 1986년 하이더는 오스트리아자유당Freiheitliche Partei Österreichs: FPÖ 당수가 되었다. 역사적으로 FPÖ는 오스트리아의 자유주의적·민족주의적 세력을 대표하는 정당이었다(Luther 1992: 47). 1994년 FPÖ는 기존과 다른 새로운 정치적 의제를 제시하면서 전국적으로 22.5%를 득표했다.

제2차 세계대전 후 오스트리아의 주요 정당으로는 사회민주당SPÖ과 보수당ÖVP을 꼽는다. 이 두 정당은 '대연정'을 체결했는데, 권력은 나누지 않고 공직을 나눠가졌다. 이로 인해 FPÖ는 연정을 체결한 이 두 정당이 권력을 독점하고 있다고 주장했다. 하이더는 바로 이 점을 잘 활용한 포퓰리스트 정치인이었다. FPÖ는 경제적 자유, 민영화, 전통적 가족 가치에 대한 강조, 이민자에 대한 강력한 반대 등의 정치 의제를 제시하며 저항적 정치인으로 자리매김했다(Riedlsperger 1998: 3~4). 하이더의 전략은 성공적이었으며, FPÖ는 1999년 전국 단위 선거에서 승리해 오스트리아 의회에서 두 번째로 큰 정당이 되었다. 2000년 2월에는 보수주의 진영과의 연정을 통해 정부 입각에 성공해 국내외적으로 격렬한 비판의 대상이 되기도 했다.

하이더의 포퓰리즘이 성공한 이유는 FPÖ의 의제 때문이기도 하지만, 하이더가 직접민주주의적 방식을 통해 FPÖ의 의제들을 이슈화시키고자 노력했기 때문이기도 하다. 1992년 하이더는 강화된 이민법을 통과시키기 위해 국민투표 캠페인을 시도했다. 1994년에는 오스트리아의 EU 가입을 결정하는 국민투표에서 반대 진영을 동원하기도 했다. 이 두 사례에서 알 수 있듯 하이더 자신과 FPÖ는 투표에서는 패배했지만, 국민투표라는 직접민주주의적 기법을 자신의 신포퓰리즘을 확산시키는 원동력으로 삼았다는 점이 중요하다. 정당은 신포퓰리즘 정치인에게 빛바랜 제도에 불과하며 신포퓰리즘 지지자를 동원하기에도 효율성이 떨어진다. 따라서 대중적 지지를 얻기 위해 대안적 방식을 찾는 것은 당연했다.

유럽의 극우세력에 관심 있는 사람은 필연적으로 독일의 사례를 검토하지 않을 수 없다. 나치의 유산으로 인해 (독일인이든 독일인이 아니든) 학자, 정치가, 일반 시민 모두는 독일의 극우세력 활동에 특별한 관심을 쏟아왔다. 사실 독일에서는 신포퓰리즘 운동이 그다지 두드러지게 부각되지 않았다. 선거에서 독일의 극우 정당들은 다른 나라에 비해 전혀 성공을 거두지 못했다. 독일공화당Die Republikaner*은, 지역적으로는

* 정확히 말하자면 '공화당'이지만 미국 공화당과 명확하게 구분하기 위해 '독일공화당'으로 번역했다. _옮긴이

조금씩 다르지만, 1990년 선거에서 전국적으로 2.1%를 득표하는 데 그쳤으며, 유럽의회European Parliament* 선거에서는 이보다 약간 좋은 성과를 거두었을 뿐이다.**

독일공화당을 설명할 때면 프란츠 쇤후버Franz Schönhuber의 리더십이 종종 언급된다. 쇤후버는 1985년부터 1994년까지 독일공화당을 이끌었다. 쇤후버가 당수로 독일공화당을 이끄는 기간 동안 독일공화당은 이민자 문제, 범죄자 처벌, 가족에 대한 강조, 세금 인하, 건전한 애국주의 등을 내세웠는데, 많은 독일인은 이에 대해 의심을 품었다(Winkler and Schumann 1998: 103). 독일공화당은 모든 정당은 민주주의 시스템을 지지하지 않으면 안 된다고 못 박은 독일 헌법의 테두리를 지키면서 반헌법적인 정당으로 낙인찍히지 않으려고 매우 조심스럽게 행동했다.

스칸디나비아 지역은 전통적으로 사회민주당 세력이 집권했기 때문에 다른 어떤 나라보다 사회복지가 잘 구현되어 있다. 경제성장이 바람직하다는 사회적 합의를 이끌어낼 수 있다는 점이 바로 복지국가의 장점이다. 하지만 경제적 불황기의 경우 양질의 복지 혜택을 제공하더라도 높은 세금에 대해 불만을 갖기 쉽다. 스칸디나비아 지역의 신포퓰리즘 정당에 세금 문제는 유권자를 사회민주주의 정당에서 이탈시키거나 중도 좌파적 사회복지 정책에 대한 사회적·정치적 합의로부터 이탈시

---

* 유럽의회는 EU의 입법기관으로 5년마다 직접선거를 통해 의원이 선출된다. 의회이지만 입법권은 갖고 있지 않으며, 주로 EU의 정책에 대해 거부권, 수정요구권, 예산감독권 등을 행사하는 기관이다. _옮긴이

** 몇 년도 유럽의회 선거인지 분명하지 않지만, 아마도 총 7.1%를 얻었던 1989년 선거가 아닐까 싶다. 1994년 유럽의회 선거에서 독일공화당은 3.9%를 얻었으며, 이후의 유럽의회 선거에서는 2%를 넘지 못하고 있다. _옮긴이

킬 수 있는 지렛대 역할을 한다.

덴마크에서 진보당Fremskridtspartiet의 등장은 상대적으로 주목할 만하다. 모겐스 글리스트루프Mogens Glistrup*의 리더십 아래 진보당은 소득세 폐지, 관료주의 철폐, 규제 완화 등을 강령으로 채택했다(Svåsand 1998: 82). 진보당은 전성기 때 15.9%를 득표하기도 했다.** 이후 1990년 글리스트루프는 진보당을 탈당했지만, 이후 피아 키에르스고르Pia Kjærsgaard*** 가 당을 이끌면서 진보당은 여전히 작지만 무시할 수 없는 득표율을 보이며 덴마크 정당 시스템의 일부를 구성하고 있다(Anderson 1992). 진보당은 처음에는 글리스트루프의 정치 스타일과 의제에 강하게 의존했지만, 1980년대 후반부터는 이민 정책에 의존했다.

덴마크에서 글리스트루프가 최초의 성공을 거두고 있었을 때, 노르웨이에서는 아네르스 랑에Anders Lange가 새로운 정당****을 창당했다. 이 정당이 진보당처럼 시작부터 놀라운 성공을 거둔 것은 아니었다. 랑에가 창당한 정당은 1974년 랑에가 사망한 후 진보당Framstegspartiet: FrP으로 이

---

* 모겐스 글리스트루프(1926~2008)는 세무변호사 출신의 덴마크 정치인이다. 세무변호사라는 글리스트루프의 출신에서 알 수 있듯, 그는 복지국가 유지를 위한 고율의 세금 부과에 매우 비판적이었다. 이후 진보당 내의 주도권을 두고 피아 키에르스고르와 경쟁했으며, 당권 경쟁에서 패배한 후 당을 떠났다. _옮긴이

** 1973년 덴마크 의회선거에서의 득표율이다. _옮긴이

*** 피아 키에르스고르(1947~)는 덴마크의 정치인이다. 1979년부터 1995년까지 진보당에서 활동했다. 1995년 진보당이 다시 내분에 휩싸이자 탈당한 후 다른 포퓰리즘 성향의 정치인들과 함께 덴마크국민당(Dansk Folkeparti)을 창당했다. 키에르스고르가 탈당하자 진보당은 몰락했고, 진보당 지지자들의 대부분은 덴마크국민당으로 옮겨갔다. 다문화주의와 개방적 이민 정책을 강력하게 비판하면서 덴마크인들에게 인기를 얻었던 그녀는 2015년 덴마크 최초로 여성 의회의장에 선출되기도 했다. _옮긴이

**** 아네르스 랑에(1904~1974)가 창당한 정당 명칭은 아네르스 랑에 정당(Anders Langes Parti: ALP)인데, 그의 사후 진보당(Framstegspartiet: FrP)으로 이름이 바뀌었다. _옮긴이

름을 바꾼 후 칼 하겐Karl Hagen이 이끌고 있다. 덴마크의 진보당과 마찬가지로 노르웨이의 진보당 역시 1997년 선거에서 15.2%를 득표해 노르웨이 정당 시스템의 주요 정당 중 하나가 되었다. 노르웨이의 진보당은 공공 영역 축소, 노르웨이의 EU 가입 반대, 이민자 수용 감축을 주장하고 있다(Svåsand 1998: 83~84).

스웨덴에서는 1991년 사업가이자 작가인 이안 바크트메이스테르Ian Wachtmeister와 놀이공원 소유주인 베르트 카르손Bert Karson이라는 두 명의 화려한 유명인이 신당을 창당했다. 이 신당의 이름은 '신민주주의Ny Demokrati: NyD'였으며, 감세, 이민자 감축, 주류제조자유법*을 주장했다(Taggart 1996: 6~7). 신민주주의는 고의적으로 전통적인 정치 스타일에 역행했고(이를테면 당의 로고가 스마일상像이다), 이 정당에 소속된 정치인들은 호전적이고 화려하게 말을 했으며, 기존 정치 엘리트의 무사안일주의와 비효율성을 지속적으로 공격했다. 바크트메이스테르와 카르손의 리더십은 신민주주의의 핵심이었다. 신민주주의는 관료주의적 구조를 최소화하는 동시에 이들의 정치적 리더십에 최대한의 자유를 부여하는 방식으로 조직되었다. 신민주주의는 평범한 정당의 당원이 정당 정책에 영향력을 행사할 수 있어야 한다고 주장해왔다(Taggart 1996: 121~129).

선거에서 약진하던 신민주주의는 이내 한계에 봉착했다. 1991년 선거에서는 6.7%를 득표했지만, 1994년에는 고작 1.8%를 득표하며 슬럼

---

* 스웨덴에서는 주류 거래를 통해 사적 이익을 취하는 것을 법으로 금지하고 있었는데, 신민주주의 정당은 주류 업계에 사기업이 진출하는 것을 가능하게 만드는 법률 제정을 추진했다. _옮긴이

프에 빠졌다. 당 내부의 내분과 바크트메이스테르의 탈당으로 신민주주의는 약화되었다. 게다가 1991년 이후 스웨덴정부를 지지하고 나서면서 스웨덴 정당 시스템의 무서운 신인이라는 정당 이미지와 설득 전략을 유지하기가 어려워졌다. 1994년 선거 이후 신민주주의는 실질적으로 와해되었다. 성공을 거두지는 못했지만, 짧게나마 신민주주의는 스웨덴의 신포퓰리즘 경향을 잘 드러냈다.

신포퓰리즘이 다른 서유럽 국가에서 나타나는 방식을 살펴보면, 지역적·인종적·민족적 정체성 이슈가 두드러진다. 이런 경향은 지역적으로 크게 분열된 국가에서 특히 강하다. 이탈리아의 경우 오랜 기간 형성된 남부와 북부의 차이가 신포퓰리즘 등장의 배경이 되었다. 즉, 가난한 남부 이탈리아인으로 인해 북부 이탈리아인이 경제적 손해를 입는다는 분노를 기반으로 신포퓰리즘이 등장했다.

북부 이탈리아인의 정체성과 정치적 주장은 북부연맹Lega Nord에서 찾을 수 있다. 북부연맹은 북부 이탈리아 지역이 이탈리아의 문화적·경제적 정체성을 실질적으로 보유한 지역이며 따라서 과거 로마제국의 후예로 불릴 수 있다고 주장했다. 다른 신포퓰리즘 정당과 마찬가지로 전통적으로 억압받아오던 집단이 지금은 너무 과도한 대접을 받고 있으며, 이로 인해 말없는 다수가 역차별을 받는 상황이라는 주장*이 북부연맹에서도 상당 부분 드러난다. 신포퓰리즘 정치인은 억압받아오던 사회적 약자가 도리어 과도한 사회적 특권을 누린다는 인식을

---

* 미국의 약자 우대 정책(affirmative action policy)을 바라보는 일부 백인의 시선을 떠올리기 바란다. 또한 한국의 여성가족부를 둘러싼 일부 남성의 비판도 이러한 시각과 많은 부분 닮아 있다. _옮긴이

통해 말없는 다수가 역차별을 겪는 현실을 바로잡을 필요가 있다고 주장한다.

북부연맹을 이끈 정치인은 1980년대 초반 다수의 북부 지역 유명 인사들과 함께 북부연맹을 창당한 움베르토 보시Umberto Bossi다. 1992년 북부연맹은 8.7%의 득표율을 보였다. 보시는 기존 정치 엘리트를 비판했으며 주요 정당 지지자의 정치적 성향을 매개로 연합하는 연정 방식의 정치를 불신했다. 또한 이탈리아 북부 지역을 지속 가능한 경제적 번영의 잠재력을 지닌 지역으로 인정할 필요가 있다고 역설했다. 이들의 주장은 큰 호응을 얻었다. 왜냐하면 당시 정치 부패는 이탈리아 정치 시스템을 마비시킬 정도로 중요한 이슈였기 때문이다.

북부연맹의 등장은 이탈리아 정당 시스템에서 실질적인 혁명이라고 부를 만했다. 1994년 완전히 새로운 정치세력의 등장으로 기독민주당Democrazia Cristiana이 주도하던 이탈리아 정치는 붕괴되었다. 북부연맹과 함께 등장한 새로운 정치세력은 이탈리아의 미디어 거두인 실비오 베를루스코니Silvio Berlusconi와 그가 주도하는 '전진 이탈리아Forza Italia'였다. 베를루스코니 역시 보시와 비슷한 신포퓰리즘 정치인이었기 때문에 보시와 베를루스코니는 경쟁 관계였다. 전진 이탈리아는 전통적인 정당이 아닌 축구단을 모델로 구성되었으며, 베를루스코니의 지도력과 자금 지원에 전적으로 의존하고 있었다. 전진 이탈리아는 무사안일주의에 젖은 정치적 엘리트 집단과는 아무런 관계가 없고 일반 국민에게 친밀한 베를루스코니 같은 사람이 이탈리아 정치를 개혁해야 한다는 내용의 캠페인을 전개했다(McCarthy 1996: 43~46; Seisselberg 1996: 727~730).

전진 이탈리아는 1994년 선거에서 최다 득표 정당이 되면서 권력을 잡았다. 불과 몇 개월이라는 짧은 기간 동안 전진 이탈리아가 급성장해 이탈리아 정치체제가 급변했다는 사실은 매우 놀라운 일이었다. 당시 보시는 베를루스코니와의 연대 여부를 고민 중이었다. 보시의 이러한 고민은 신포퓰리스트 정치인이 처한 딜레마가 무엇인지 보여준다. 신포퓰리즘이 호소력을 갖는 이유는 기존 정치에 대해 반대하기 때문이다. 만약 기존 정치체제에 편입되면 신포퓰리스트 정치인은 권력을 행사할 수 있지만 이로 인해 정치 전반에 대한 적대감을 기반으로 하는 북부연맹은 지지자를 잃을 수도 있었다. 보시는 이데올로기적·선거지역적으로 성격이 동일한 정당과 전략적으로 연대해야 하는지를 두고 고민했다.

또 다른 문제는 우파 운동으로 인해 이탈리아 사회운동Movimento Sociale Italiano: MSI이라는 이름의 극우정당이 이탈리아 정당 시스템에서 새 생명을 얻었다는 점이다. MSI는 이탈리아 파시즘의 전통을 잇는 정당이다. 1994년 잔프랑코 피니Gianfranco Fini의 리더십을 기반으로 MSI는 과거의 모습에서 탈피해 이탈리아 유권자가 더 쉽게 받아들일 수 있는 정치적 입장을 택했다. MSI는 민족동맹Alleanza Nazionale: AN으로 이름을 바꾼 후 13.5%를 득표해 여당 연립정권에 참여했다(Ignazi 1996: 703~704). AN이 정부에 참여하면서 보시는 신포퓰리즘의 주도권을 두고 베를루스코니와 경쟁했으며 동시에 네오파시즘 정당과 연대할지 여부도 고민해야 했다. 이러한 난관 속에서 보시는 연립정권에 가담했다.

하지만 1996년 연립정권이 붕괴되면서 좌파 정치세력의 새로운 연립정권이 구성되었다. 베를루스코니는 자신이 비판해왔던 정치부패 혐의에 연루되었다. 연립정권 내부의 갈등은 근본적인 분열을 낳았고, 결국 북부연맹의 이탈로 연립정부는 붕괴되었다(Newell and Bull 1997: 98). 베를루스코니와 보시의 갈등은 흔히 신포퓰리즘 정당 사이에서 나타나는 갈등의 전형적인 사례다. 두 개의 신포퓰리즘 정당이 등장했다는 데에서 알 수 있듯, 신포퓰리즘이 광범위하게 퍼짐에 따라 이는 다양한 방식으로 표출되었다. 이에 따라 신포퓰리즘 정당은 신포퓰리즘의 리더십을 둘러싸고 내적 분열을 겪었으며 종종 극심한 계파주의에 빠지기도 했다.

벨기에는 인종적·언어적으로 구분되어 있는데, 벨기에의 신포퓰리즘은 이 구분을 중심으로 탄생했다. 블람스지역당Vlaams Blok*(영어로 표현하면 플랜더스지역당Flemish Bloc)은 1978년 창당되었으며, 플랜더스 지방 민족주의의 구심점 역할을 수행했다. 블람스지역당은 이민 정책에 대한 반대, 기존 정당들에 대한 적대감, 기존 정치권의 부패, 플랜더스 지역의 독립 요구라는 네 가지 중요한 이슈를 제기함으로써 유권자들의 지지를 얻었다(Swyngedouw 1998: 62~63). 블람스지역당은 창당 초기에는 플랜더스 지역의 독립 이슈에 초점을 맞추었으나 시간이 지나면서 매우 격렬한 반이민 입장을 견지했다(Husbands 1992: 137~138). 플랜더스 지방 민족주의와 반이민 이슈가 접합되면서 블람스지역당은 1995년 플랜더스 지역에서 12.5%를 득표했다.

블람스지역당의 운영 방식은 다른 신포퓰리즘 정당과 비슷하기는 했지만, 특정인의 카리스마적 리더십에 의해 완전히 좌우되지는 않았다. 1996년까지는 블람스지역당에 큰 영향력을 행사했던 카럴 딜런Karel Dilen이 이 당을 이끌었다. 블람스지역당은 다른 신포퓰리즘 정당과

---

* 벨기에는 북쪽으로 네덜란드와 국경을 맞대고 있다. 네덜란드와 맞닿아 있는 북쪽 지역은 네덜란드어를 사용하며, 문화적으로도 벨기에보다는 네덜란드에 더 가깝다. 이 지역의 영어 이름이 바로 플랜더스(Flanders)이며, 네덜란드어로는 블란더런(Vlaanderen)이다. 즉, 블람스블록은 블란더런 지역을 의미한다. _옮긴이

마찬가지로 당의 통합과 지도부의 강력한 지휘권 행사가 가능한 강력한 중앙집중적 정당 구조를 가지고 있었다(Swyngedouw 1998: 61~62).

스위스 내의 차이도 잘 알려져 있다. 스위스의 캉통cantons* 간 문화적·언어적 차이는 신포퓰리즘 정치세력이 둥지를 틀기에 좋은 환경이다. 젠틸레와 크리에시(Gentile and Kriesi, 1998)는 스위스와 같은 국가를 '분열된 가족'이라고 불렀다. 1991년 이탈리아어를 사용하는 스위스의 캉통은 티치노동맹Lega dei Ticinesi을 창당했다. 기존 정당을 비판하는 정당이라고 자임한 티치노동맹은 23%를 득표하면서 티치노 지역에서 나름의 정치적 성공을 거두었다. 티치노동맹을 이끈 사람은 플라비오 마스폴리Flavio Maspoli와 줄리아노 비그나스카Giuliano Bignasca라는 대중적이고 카리스마 넘치는 인물이었다. 스위스의 자동차당Automobilists Party은 사회주의 정당 및 환경주의 정당을 비판하면서 1985년 창당되었다. 자동차당은 반이민 민족주의와 경제·환경 분야에 대한 정부 개입을 비판하면서, 전국적으로 5.1%를 득표했다. 1969년에 창당된 스위스민주당Swiss Democrats(민족행동National Action에서 개명)은 외국인 노동자 수를 제한하는 법안을 제안하면서 강력한 반이민 정체성을 확립했다.

신포퓰리즘의 의제들은 서유럽에만 국한되지 않는다. 주요 정당 간의 합의에 기초한 자본주의 복지국가 시스템을 기반으로 하는 다른 국가에서도 서유럽과 비슷한 현상이 목격되고 있다. 정당과 정당 시스템을 향한 적대감, 우파 성향 유권자들의 불만을 대변하는 정치 의제들은 호주, 캐나다, 미국 등의 신포퓰리즘이 성장하기에 좋은 토양을 제공하

---

* 우리나라의 도, 중국의 성, 일본의 현과 유사한 지역 단위다. _옮긴이

고 있다.

호주, 캐나다, 미국의 신포퓰리즘

1996년 호주의 피시 앤 칩스* 식당 주인이던 폴린 핸슨Pauline Hanson은 호주 원주민 권리, 다문화주의 사상, 아시아계 이주민 등을 비난하는 발언으로 자유당Liberal Party에서 제명되었다. 핸슨은 1996년 연방 선거에 무소속으로 출마했는데, 이때 문제가 되었던 발언이 언론에 부각되면서 정치적 명성을 얻었다. 이를 기반으로 핸슨은 1997년 단일민족당One Nation을 창당했다(Johnson 1998).

핸슨이 주장한 의제는 다음과 같은 세 가지 주요 주제로 요약될 수 있다. 첫째, 경제 정책에서는 세계화를 비판하며 고용을 유지하기 위한 보호무역을 주장했다. 둘째, 문화적으로는 백인의 권리를 옹호하면서 다문화주의가 다수의 호주인과 호주사회에 동화되고 싶어 하는 소수 인종에게 해를 끼친다고 주장했다. 핸슨은 호주 원주민 권리가 특권이라고 주장했으며, 아시아 이민자의 유입으로 호주사회가 변하고 있다면서 이민 정책을 비판했다. 끝으로, 반엘리트주의를 주장했다. 핸슨은 세계시민주의적 성향의 엘리트가 자신의 이익만 추구하고 있다고 비판했다. 그녀가 분노하는 엘리트는 포퓰리즘에서 흔히 언급되는 정치인, 관료, 지식인이었다. 그녀는 다음과 같이 말한 바 있다.

---

* 영국 노동자 계층이 즐겼던 영국식 대중음식으로, 대구나 가자미 등의 생선과 감자칩을 튀긴 것이다. _옮긴이

> 어쩌면 나는 '피시 앤 칩스의 여주인'에 머물렀을지 모릅니다. 몇몇 이른바 경제학자들이 경제학 교과서에서 배운 이론을 바탕으로 현실의 세계를 좌우하고 있습니다. 나는 이 경제학자라는 사람들이 내 삶에 개입하지 않기 바랍니다(Johnson 1998: 217 재인용).

핸슨의 신포퓰리즘은 반이민주의와 관련된 신포퓰리즘과 잘 맞아떨어졌다. 호주 역사에서 뜨거운 쟁점이었던 다문화주의 의제와 이민자 의제는 핸슨의 지지층에도 중요한 이슈였다.

캐나다에서는 1930년대 앨버타주에서 사회신용당이 정권을 잡은 이래(이에 대해서는 6장 참조) 지역 기반 정당들은 지금도 포퓰리즘의 면모를 보이고 있다. 이들 정당에서 신포퓰리즘의 싹을 찾을 수 있다. 1987년 프레스턴 매닝Preston Manning의 주도로 창당된 캐나다 개혁당Reform Party은 사회신용당이 제기했던 몇몇 의제를 다시 제기하면서 강력한 선거 기반을 확보할 수 있었다. 사회신용당과 개혁당은 단순하게 이념적인 관계가 아니다. 1943년 앨버타주의 사회신용당 당수였던 애버하트를 계승한 에르네스트 매닝Ernest Manning의 아들이 바로 프레스턴 매닝이었다. 1993년 개혁당은 캐나다 전국 의회에서 52석을 차지했는데, 이는 제1야당이 되기에 고작 2석이 모자랐을 뿐이다. 개혁당은 전국 선거에서는 19%를 득표했으나 앨버타주에서는 52%를 득표하는 등 캐나다 서부 지역에서 훨씬 높은 득표율을 보였다(LeDuc 1994: 167). 1997년 개혁당은 60석을 득표해 제1야당이 되었다.*

---

* 2000년 개혁당 내부에서 주도권 다툼이 일어나자 당수인 프레스턴 매닝은 당내 반대파를 제압하기 위한 방안으로 개혁당을 해산하고 캐나다동맹(Canadian Alliance)이라는 신당을

개혁당은 캐나다의 정당 시스템과 정치 엘리트가 국가 운영에서 일반 국민을 체계적으로 배제시킨다고 주장하면서 인기를 끌었다. 사회신용당과 달리 개혁당은 금융제도는 비판하지 않았으나, 정부 영역의 확장으로 인해 시장이 효과적으로 작동하지 못하고 있다고 주장했다. 즉, 개혁당은 정부 구성에 특권적으로 접근할 수 있는 구정치 엘리트와 이들의 이익 추구를 비판했다(Laycock 1994: 217).

개혁당은 민주주의를 활성화하고 자신들이 직접민주주의를 추구한다는 것을 보여주기 위해서 국민투표를 제안하기도 했다(Laycock 1994: 240~243). 이는 개혁당이 캐나다의 대의민주주의가 특정 계급의 이익을 과도하게 대표하고 이들의 요구를 무리하게 들어준다고 믿고 있었기 때문이다.

개혁당의 기존 정치 비판은 관료화된 복지국가에 대한 반발이 등장했음을 의미했다. 이 점에서 개혁당은 이전의 사회신용당과 유사할 뿐 아니라 1980년대 등장한 서유럽의 극우정당과도 매우 유사하다. 개혁당은 신포퓰리즘 조류를 반영한 것이라 볼 수 있다.

현대 포퓰리즘 정당의 또 다른 예로는 기존의 미국 정당 시스템을 비판한 미국의 개혁당(로스 페로가 주도한 정당)을 꼽을 수 있다. 미국 포퓰리즘 정치인의 최근 사례인 페로에 대해서는 이미 2장에서 설명한 바 있다. 그러나 더 넓은 맥락에서 볼 때 페로는 신포퓰리즘의 특성을 일부 반영하고 있다고 볼 수 있다. 페로는 대통령 후보에 출마하면서 민

창당했다. 2003년 캐나다동맹은 진보보수당(Progressive Conservative Party)과 합당한 후 보수당(Conservative Party)으로 이름을 바꾸었다. 캐나다의 보수당은 현재까지 이어지고 있으며 2000년 이후 선거에서 줄곧 30%가량 득표하고 있다. _옮긴이

주당과 공화당으로 구성된 기존 정당 시스템과 늘어나는 재정 적자, 특수 집단에 좌우되고 금권정치가 되어버린 미국 정치를 비판해 미국 유권자들로부터 호응을 얻었다.

비유럽 국가의 신포퓰리즘 정당이 내세우는 의제와 서유럽 신포퓰리즘 정당이 내세우는 의제는 내용 면에서 서로 다르다. 그러나 모든 신포퓰리즘 정당이 각국의 정당 시스템에 대해 근본적인 비판을 제시한다는 것은 명백하다. 신포퓰리즘 정당은 비슷한 시기에 탄생했고 비슷한 방식의 정치적 주장을 제시했다. 예를 들어 서유럽의 신포퓰리즘 정당은 선진 복지국가에서 자유민주주의가 어떤 난관에 봉착해 있는지를 매우 잘 보여준다. 미국과 캐나다의 경우, 신포퓰리즘 정당은 과거의 포퓰리즘 유산을 이어받고 있기 때문에 고유한 포퓰리즘 전통이 현대적으로 되살아난 것처럼 보일 수도 있다. 그러나 이들 역시 세계 여러 국가의 현대 정치에서 나타나는 신포퓰리즘 현상과 공통점을 갖고 있다는 사실은 부정할 수 없다.

이 장에서 나는 '신포퓰리즘'이 자유지상주의적 '신정치' 좌파 정당에 대한 우파의 저항이라는 공통점을 강조하기 위해 '신新'을 강조했다. 이들 신포퓰리즘 정당을 관통하는 특성은 정당의 조직 방식, 반체제적 이념, 극우주의적 이념 등이다. 신포퓰리즘 정당이 등장한 공통된 배경은 안정된 정당 시스템과 자유민주주의를 기반으로 한 선진 복지국가다. 따라서 신포퓰리즘의 '새로움newness'은 일반적인 포퓰리즘 특성, 즉 포퓰리즘의 카멜레온적 속성을 보여주는 또 하나의 사례다.

대중의 지지를 얻기 위해 신포퓰리즘 정당은 자신이 제기하려는 이슈에 부합하는 형태로 메시지를 전달한다. 이는 신포퓰리즘 정당이 제시하는 여러 공통된 의제에 대해 각 정당이 동일하지 않은 방식을 택하는 이유이기도 하다. 이민 정책, 지역주의, 세금 문제 등은 국가의 상황에 따라 어떤 문제는 더 많이, 어떤 문제는 더 적게 강조된다. 국가적 특성에 따라 특정 의제가 더 많이 강조되기 때문에 포퓰리즘 정당은 카멜레온적 특성을 갖는다. 즉, 신포퓰리즘 정당은 자신이 속한 사회적·국가적 상황에 따라 제기되는 정치적 논란에 부합하는 방식으로 이슈를 택하고 이 이슈 해결에 맞는 접근법을 택한다.

신포퓰리즘의 본질은 정당정치에 대한 비판이다. 따라서 대의정치체제에 대한 비판을 중심으로 신포퓰리즘이 등장하고 있다. 신포퓰리즘 정당은 기존 정당을 급진적으로 비판하면서 기존에 시도되지 않았던 정당 형태를 택하고 정치 이슈에 대한 입장을 정한다. 정당 조직 측면에서 신포퓰리즘 정당은 기존 정당조직을 의도적으로 거부한다. 신포퓰리즘 정당은 기존 정당이 합의한 정당 시스템과 자신이 다르다는 것을 드러내기 위해 사회 분열로 이어지는 안건들에 집중한다. 이를 통해 스스로를 차별화시키며, 정치 전반으로부터 소외되었다고 느끼는 유권자의 지지도 극대화시킨다.

신포퓰리즘 정당의 공통점은 기존 정당 시스템을 강력하게 비판한다는 것이다. 이는 정치 의제의 수렴 현상과도 관련되어 있다. 서유럽의 경우 제2차 세계대전 이후 정치체제에서 정치 의제가 수렴되는 현상이 나타났다. 하지만 이제는 정치 의제 수렴 현상이 소멸되었고, 그 결과 정치와 정치 제도가 재배치되고 있다. 정치 의제의 수렴 현상은 중도 좌파나 중도 우파를 중심으로 한 기존 정당에 유리했다. 그러나 동시에 정당 시스템이 부패하기 쉬웠으며, 또는 사람들로부터 부패했다는 의심을 사기에 충분했다(Hayward 1996; Hine 1996; Meny 1998). 이러한 상황을 배경으로 포퓰리즘 정당이 등장했다. 신포퓰리즘 정당은 이 기회를 놓치지 않고 기존 정치 엘리트의 부패를 기반으로 대중의 지지를 이끌어냈다.

신포퓰리즘에서 명확하게 관찰되는 현상은 포퓰리즘의 자기 제한성이다. 포퓰리즘은 기존 제도에 대해 기본적으로 비판적인 자세를 취하지만, 바로 이 특성으로 인해 제도적 딜레마를 안을 수밖에 없다. 신포퓰리즘 정당에서 발견되는 명백한 특징 중 하나는 당내 갈등이다. 계파주의, 특히 리더십을 둘러싼 갈등은 신포퓰리즘 정당에서 언제나 발견된다. 카리스마적 리더십이 기존 대중 정당 모형에서 나타났던 관료주의적인 대의제도를 대체하면서 리더십을 둘러싼 갈등이 대두될 가능성은 더 높아졌다. 독일공화당은 쇤후버의 리더십을 둘러싸고 파멸로 이어지는 갈등을 겪었다. 덴마크의 경우, 키에르스고르가 당내 리더십을 행사하면서 글리스트루프는 당에서 실질적으로 축출되었다. 스웨덴의 경우, 바크트메이스테르의 리더십이 카르손의 리더십과 불화를 빚으면서 계파주의가 불거졌고 결국 바크트메이스테르가 당을 떠나면서 신민주주의 정당은 붕괴되었다. 심지어 르펜의 프랑스 국민전선의 경우도 메그레가 1998년과 1999년에 극우 지도자로 나서면서 내분과 당내 갈등을 겪었다. 몇몇 신포퓰리즘 정당은 지도자 개인의 리더십 구조와 관련된 문제를 극복하는 데 성공하기도 했다. 그러나 당내 갈등 문제를 두고 씨름을 벌였다는 점에서는 모든 신포퓰리즘 정당이 예외가 없었다.

신포퓰리즘 정당이 성공을 거둔 이탈리아의 경우도 보시와 베를루스코니 사이의 내부 갈등으로 인해 정부에서 포퓰리즘 정당의 입지가 좁아졌다. 정부에 참여하는 것이 포퓰리스트 정치인에게는 근본적으로 쉽지 않은 문제라는 점을 고려할 때 이는 그다지 놀라운 일은 아니다. 포퓰리스트 정치인은 정치 외부자로서 인기를 얻거나 기존 정치인을 비판함으로써 국민의 지지를 얻어 권력을 잡을 수는 있었다. 그러나 권력을 잡은 후에는 기존과 같은 방식으로 국민들의 지지를 유지하는 동시에 정치체제의 내부자이자 전문 정치가로서 활동해야만 했다.

신포퓰리즘 현상을 통해 우리는 포퓰리즘이 반제도적인 성향을 갖는다는 사실을 명확하게 확인했다. 여러 측면의 다양한 사례를 통해 포퓰리즘이 정당과 정당정치를 거부한다는 사실과, 신포퓰리즘 현상으로 인해 정당이라는 대의정치 기구가 여러 자유민주주의 국가에서 난관에 봉착했다는 사실을 알 수 있었다. 정당은 기존의 대중 정당 모형에서 변화하는 과정을 겪고 있다. 동시에 이러한 현상이 일어나는 것은 여러 자유민주주의 체제에서 시민들이 정치에 대해 소외감과 적대감을 느낀다는 증거이기도 하다. 문제는 포퓰리스트 정치인이 이러한 현상에 대한 해결책으로 정당을 거부하고 정치적 결사체의 중요성을 부정하며 대의정치를 부정하는 방법을 내놓는다는 사실이다. 이러한 전략은 포퓰리스트 정치인에게 문제로 작용할 뿐만 아니라, 대의정치에 대한 단순한 거부를 넘어서서 대의정치의 문제를 해결하는 데도 기여하지 못한다. 신포퓰리즘은 기존 정당정치의 문제로 인해 탄생했다. 그러나 신포퓰리즘이 기존 정당정치에 대해 갖는 본질적 이중성, 즉 이념적으로는 정당정치를 거부하지만 실질적으로는 정당정치하에서 활동하고 있는 현실은 신포퓰리즘 정당이 기존 정당정치 문제에 대한 해결책이 될 수 없다는 사실을 확인시켜줄 뿐이다.

제 2 부

POPULISM

포퓰리즘의 특성

POPULISM

08

포퓰리즘, 국민, 그리고 마음속 이상향

포퓰리스트 정치인은 국민을 찬양한다. 특히 포퓰리스트 정치인은 엘리트의 덕목과 비교하면서 국민의 덕목을 찬양한다. 몇몇 학자는 '국민'에 대한 강조를 포퓰리즘의 결정적인 특징으로 꼽기도 한다. 포퓰리즘의 공통된 특징 중 하나가 국민을 강조한다는 것임은 명백하다. 이는 포퓰리즘이 반엘리트주의를 기반으로 도출된 주장임을 보여준다. 그러나 우리는 '국민'을 강조한다는 것이 어떤 의미인지 자문해봐야 한다. 포퓰리스트 정치인의 '국민' 수사법은 포퓰리즘의 핵심 요소이지만 '국민'은 복잡한 개념이다. 그러나 국민 개념이 포퓰리즘이 아닌 다른 사상에서도 도출된다는 점을 고려할 때, 최소한 국민이 실재한다는 것을 부정하기는 어렵다.

포퓰리즘과 국민

어떤 학자는 포퓰리스트 정치인의 용어를 기반으로 포퓰리즘을 '국민'을 대표하는 운동이라고 정의하기도 한다(Westlind 1996: 99). 다른 학자는 더 구체적인 관점을 택해 포퓰리즘을 특정한 사회적 계급과 연관지어 정의내리기도 한다(예를 들어, Di Tella 1965; Conway 1978). 라틴아메리카 포퓰리즘의 경우 노동운동을 통해 도시 노동자계급이 포퓰리즘에 참여한 것이 포퓰리스트가 당선된 핵심 요인이었다. 그러나 포퓰리즘의 맥락이 바뀌면 포퓰리즘을 주도하는 계급도 바뀐다. 앞에서 사례로 든 러시아의 농노, 북아메리카의 농민, 사적 경제 영역에 고용된 서유럽의 노동자계급을 떠올려보라. 개개의 포퓰리즘은 명백하게 특정한 계급에 기반을 두고 있지만, 포퓰리즘 자체에는 특정 계급 기반이 존재하지 않는다(Laclau 1977: 145). 포퓰리즘을 계급 기반 운동으로 인식하는 것은 포퓰리즘이 적용되는 하나의 맥락에 너무 깊게 매몰되어 이를 일반화시킨 것이다.

그러면 '국민'이 왜 포퓰리즘 공식에 그렇게나 필수적인 요소일까? 단순하게 답하자면 포퓰리즘에 있어 '국민'은 다루기 쉽고 유연한 개념이기 때문이다. 포퓰리즘은 쉽게 사용할 수 있는 개념장치를 필요로 하는데, '국민'이 바로 그러한 개념장치라고 할 수 있다. 그러나 '국민'이라는 개념이 유연성 때문에 호출된다고 해서 국민이라는 개념이 아무런 의미가 없는 것은 아니다. 다양한 포퓰리즘 운동이 동일한 수사법을 택한다는 것은 결코 우연이라 할 수 없다. 포퓰리스트 정치인이 국민을 부르짖는 데는 이유가 있을 것이다. 우리는 포퓰리스트 정치인이 국민을 호출하는 이유와 여러 포퓰리즘에서 국민이 실제로 사용되는 방식을 구분할 필요가 있다.

포퓰리즘과 '국민'을 구분하는 유용한 출발점은 '국민'이라는 개념이 포퓰리스트 정치인에게 매력적인 이유는 무엇인가를 이해하는 것이다. '국민'은 포퓰리즘이 추구하는 대상이다. 포퓰리스트 정치인은 누가 국민이고, 누가 국민이 아니며, 국민의 규모는 얼마나 되는지에 관심이 있다.

'국민'에서 가장 중요한 특징은 바로 규모다. '국민'이라는 용어에는 많은 사람들, 무엇보다 대다수majority라는 의미가 함축되어 있다. 즉, '국민'이라는 개념은 쓰임새가 다양하다. '국민'은 다수이며 따라서 국민을 대변해서 말하는 사람은 더 큰 정당성을 확보할 수 있다. 또한 만약 선거에서 이길 수만 있다면 반대 세력을 압도하는 잠재적 유권자층을 자기편으로 삼을 수 있다. 포퓰리스트 정치인에게는 국민이 다수라는 점이 중요하지만, 다수라는 특성을 다원성이나 다양성과 혼동하면 안 된다. 포퓰리스트 정치인이 말하는 '국민' 개념은 근본적으로 동질적이다. '국민'은 단일체로 묘사된다. 국민은 절대 구분될 수 없는 단일하고 통합된 연대감을 가진 집단이다. 포퓰리즘 측면에서 보았을 때 '국민'은 이미 거의 완성되고 자각된 존재다. 포퓰리스트 정치인이 국민을 강조하는 것은 바로 이러한 특성 때문이다. '국민' 개념은 손쉽게 동원할 수 있고 이해하기 편하다.

또한 포퓰리스트 정치인은 누가 국민으로 받아들여지는가에 대한 인식을 기반으로 '국민'의 이름을 부르짖기도 한다. 마거릿 캐노번(Canovan 1999: 5)의 말처럼 포퓰리스트 정치인의 메시지는 "흔히 말하는 우리 동포라는 의미에서 우리 국민에게 호소하는 것"이고 이 점에서 포퓰리즘은 '국민'에게 의존한다고 할 수 있다. 포퓰리스트 정치인이 국민을 추앙하는 이유 가운데 마지막으로 꼽을 수 있는 이유는 국민이 어떤 구체적인 덕목을 구현하기 때문이다. 포퓰리스트 정치인이 '국민'이라는 단어를 어떻게 사용하는가를 살펴보면 '국민'이 특정한 가치를 구현하고 있다는 사실을 이해할 수 있다.

'침묵하는 다수'는 최근 북아메리카 포퓰리즘 담론에서 등장하는 개념이다. 그러나 이 개념은 다른 지역의 포퓰리즘과 '국민'을 대변한다는 포퓰리스트 정치인의 수사법을 이해하는 데도 도움이 된다. '침묵하는 다수'라는 개념은 '국민'의 특징을 보여주며, 소란스러운 소수의 주장이 아닌 다수의 주장을 들어야 한다는 것을 암시한다. 다수의 주장은 다름 아닌 침묵이다. 달리 말하자면, 다수의 덕목은 바로 침묵이다. 다수가 침묵하는 이유는 현재 이들이 묵묵히 일을 하고, 세금을 내며, 말없이 삶을 누리고 있기 때문이다. 즉, 침묵하는 다수는 사회적 의무를 다하고 생산적인 활동을 하지만 정치적으로는 과묵하다. 소수(엘리트)가 주도하는 정치에 개입할 생각이 없는 대다수의 국민은 사회의 핵심 구성원이자 그 나라의 정신적 지주라고 할 수 있다. 미국식 용어로 '미국 중산층 마을'이라는 표현은 이들이 살고 있는 신비로운 지역을 말하는 것이다. 정치인들이 이들의 지지를 받는 한 정치인들은 이들의 대표자로 활동할 권리가 있다. 그러나 일단 이 유대가 끊어지면 침묵하는 다수는 행동에 나서며 다시 스스로의 의견을 주장하게 될 것이다.

포퓰리스트 정치인이 하는 말에 따르면 침묵하는 다수는 다음 두 가지 이유로 인해 자신들의 대표자를 갖지 못한다. 정치인이 침묵하는 다수를 대표하지 못하는 첫 번째 이유는 전통적인 도덕 가치를 지키는 침묵하는 다수를 타락한 정치인이 대표할 수 없기 때문이다. 우파 포퓰리즘 추종자에 따르면 정치의 부패는 정치인의 부패를 의미하며, 더 넓은 맥락에서 이 과정은 사회적 타락과 도덕의 붕괴를 의미한다. 우파 포퓰리즘 지지자는 과거로부터 이어져온 가치가 사회 안정과 질서의 근원이고 이 가치에서 이탈하면 도덕적 타락과 사회적 붕괴의 분위기가 형성된다고 생각한다.

정치인이 침묵하는 다수를 대표하지 못하는 두 번째 이유는 현대의 정치 과정이 특정 이익단체에 사로잡혀 있기 때문이다. 특혜를 받는 특정 이익단체의 사례로 좌파 포퓰리즘 운동에서는 대기업 같은 경제적 권력집단을 언급하는데, 미국의 포퓰리즘 운동에서는 금융자본, 산업자본, 철도회사 등을 특정 이익단체로 지목한다. 우파 포퓰리즘 운동에서는 특별한 권리를 주장하는 '소수자' 집단을 지목하는데, 이들이 말하는 소수자 집단은 환경운동가, 페미니스트 등이다. 소수자 집단이 누구든 이들은 주류 정치인과 연결되어 있다는 것이 우파 포퓰리즘 추종자의 주장이다.

침묵하는 다수를 동원한다는 것은 다수가 어쩔 수 없이 정치적 입장을 택한다는 의미다. 즉, 위기와 붕괴 같은 극단적인 상황으로 인해 침묵하는 다수가 정치적 입장을 선택할 수밖에 없게 되었다는 것을 의미한다. 침묵하는 다수가 정치운동에 나설 경우 이들의 권력은 다른 어떤 사람들의 권력보다 더 커진다(왜냐하면 이들은 다수이기 때문이다). 침묵하는 다수는 정치적 야심이 없기 때문에 정치화 과정은 더 극적인 모습으로 나타나고 그간 침묵하고 동의했기 때문에 그들의 정치적 의견은 더 주목 받는다. 오랜 기간 침묵하고 있었기 때문에 이들의 의견은 경청할 가치가 있으며, 침묵했다는 바로 그 사실로 인해 침묵하는 다수는 국가를 유지하는 핵심적 존재가 된다.

그러나 현실의 포퓰리즘은 자신이 어떤 사람인가보다 자신이 어떤 사람이 아닌가를 통해 작동한다. 특정 사회집단을 악마화하는 것, 특히 엘리트에 대한 반감은 포퓰리즘 지지자의 적이 누구인지를 명확하게 밝힌다. 적은 포퓰리즘 지지자의 정체성을 형성하는 핵심 요소다. 신포퓰리즘은 특정 사회집단(신포퓰리즘에서 배제하고자 하는 집단으로, 이민자, 실업자, 특정 지역이나 인종 집단 등이다)을 적으로 선정해 무정형적이고 이질적인 대중을 동일한 정체성을 갖는 집단으로 통합하려는 정치적 시도다. 이는 새로운 현상이 아니다. 자신들이 호의적으로 생각하지 않는 사회집단과 자신을 대립시키는 방식으로 정체성을 구성하는 것이 포퓰리스트 정치인의 특징이다. 포퓰리스트 정치인은 펜대나 굴리는 지식인, 복지부동의 관료, 엉터리 글쟁이, 탐욕스러운 금융업자, 악덕 자본가, 시끄러운 대중예술인, 금권정치가라는 용어로 기존 엘리트를 부정적·악마적 형상으로 묘사한다.

포퓰리스트 정치인이 특정 사회집단을 악마처럼 묘사하는 것은 두 가지 효과로 이어진다. 첫째, 악마로 묘사된 집단에 대한 분노를 공유하는 대중의 지지를 얻을 수 있다. 즉, 포퓰리즘 지지층이 더 늘어난다. 둘째, 특정 사회집단을 악마화하는 사람들 내부의 연대감을 강화(또는 창출)한다. 포퓰리즘 지지자 사이에 연대감이 결여된 경우 이 둘째 효과는 특히나 중요하다. 즉, 포퓰리스트 정치인은 특정 사회집단을 악마화하는 과정을 통해 포퓰리즘 지지자에게 공통된 적이 누구인지를 지정하며, 이를 기반으로 포퓰리즘 지지자 내부의 연대감을 확보할 수 있다.

그렇다고 '국민'이 완전히 부정적으로 구성된 개념이라고 보면 안 된다. 포퓰리즘에서 '국민'은 몇몇 뚜렷한 특징을 드러내고 있다. 와일스(Wiles 1969: 166)가 정의했듯, 포퓰리즘에서 "정치적 덕성은 압도적 다수를 차지하는 소박한 사람들과 이들이 보유한 집합적 전통 속에서 발견된다"라고 가정된다. '국민'이 사회를 주도할 권리를 갖는 이유는 바로 이들의 평범함과 덕성 때문이다. 포퓰리즘 지지자는 국민의 이러한 특징을 엘리트의 타락 및 어리석음과 대조시킨다. 포퓰리즘 지지자는 일반 국민에게서 정치의 지혜를 찾아낸다. 일반 국민들의 상식은 책에서 얻은 지식보다 훨씬 낫다.

포퓰리스트 정치인이 '국민'을 이해하는 또 다른 방법은 '국민'이 어디에서 유래하는가를 이해하는 것이다. 지금까지 우리는 포퓰리스트 정치인이 하는 말을 분석함으로써 그들이 스스로에 대해 어떤 이미지를 부여하며 어떤 사회집단을 포퓰리즘 지지자의 적으로 상정하는지를 살펴보았다. 포퓰리스트 정치인의 말을 넘어 그 말의 근저를 살펴본다면 여러 다양한 '국민'을 관통하는 연속성을 파악할 수 있다. '국민'을 관통하는 연속성은 바로 '국민'이 시작된 장소인 마음속 이상향이다.

마음속 이상향의 정치학

포퓰리스트 정치인은 국민주권 원칙에 대한 민주적 신념을 기반으로 국민이라는 용어를 사용하는 것이 아니다. 포퓰리스트 정치인에게 '국민'은 마음속 이상향의 거주자이며, 바로 마음속 이상향은 포퓰리스트 정치인이 일깨우고 싶어 하는 것이다. 살펴보았듯, '국민'이라는 용어는 어느 정도 심오한 의미를 갖지만 포퓰리즘의 지도원칙으로서의 국민은 매우 다양한 방식으로 변주된다. '국민'이 포퓰리즘의 수사에 언제나 등장하는 이유는 포퓰리즘 지지자에게 마음속 이상향이라는 개념은 덕성이 순박하고 도덕적인 사람이 살고 있는 곳인데, '국민'이라는 용어 속에 이러한 개념이 은밀하고도 깊이 배어 있기 때문이다.

마음속 이상향은 상상된 공간이다. 마음속 이상향이 명시적으로 요구되는 시기는 고난의 시기다. 마음속 이상향이라는 공간이 상상되면 지금까지는 잘 인식하지 못했지만 매우 강력한 효과를 발휘하는 가치 있는 삶과 도덕 가치를 떠올리게 되며, 이를 통해 포퓰리즘 지지자들이 정치적 행동에 나서게 된다. 마음속 이상향은 일상적인 삶의 덕목을 구체화시킨 장소다.

이념에서는 나름의 이상사회를 제시한다. 사상가들이 제시한 가치를 구체화시켜 미래에 구현하고자 하는 사회가 바로 이상사회다. 이런 이상사회는 종종 유토피아로 구현된다(Levitas 1990; Kumar 1991). 마음속 이상향은 이상사회나 유토피아와는 다르다. 왜냐하면 포퓰리즘 지지자는 현재 잃어버린 것을 찾기 위해 과거에 대한 회상을 기반으로 마음속 이상향을 구성하기 때문이다. 이상사회, 그리고 더 나아가 유토피아는 정신과 이성으로 구축된 것인 반면, 마음속 이상향은 반드시 합리화되거나 합리화가 가능하지 않아도 상관없다는 정서에서 촉발된 감정을 기반으로 구축된 것이다.

마음속 이상향을 떠올리는 것은 포퓰리즘에서 공통된 또 다른 특성이기도 하다. 포퓰리즘은 실제로는 특정 계급의 지지를 기반으로 성립하지만, 계급을 넘어선 이론 또는 계급이 요구되지 않는 이론으로 간주되곤 한다. 포퓰리즘은 '국민'을 강조함으로써 여러 국민의 차이가 구분되지 않는 단일한 대중을 암시하고 있다. 대중은 집단을 이룸으로써 지성을 발휘한다. 상상 속의 단일한 지형인 마음속 이상향은 단일한 국민populace 없이는 존재할 수 없다. 마음속 이상향에 거주하는 사람들은 단일하고 동질적인 존재로 상상되는데, 이는 왜 포퓰리즘이 '국민'을 동질적이라고 간주하는지를 잘 설명해준다.

마음속 이상향은 과거 지향적일 뿐만 아니라 경계를 확정하기도 한다. 더 쉽게 말해 마음속 이상향은 악마화된 존재를 공동체에서 추방시키는 것을 정당화하는 논리다. 누가 마음속 이상향에 포함되는가를 두고는 논란의 여지가 발생할 수 있지만, 누가 배제되는가의 문제는 논란의 여지가 훨씬 적다. 마음속 이상향이라는 개념에는 진짜 '국민'에 포함되지 않는 특정 집단을 지목하려는 경향이 명시적으로 드러난다. 마음속 이상향에는 민족적 (또는 다른 잠재적인 유형의) 정체성이 어느 정도 포함되기 마련이다. 마음속 이상향이 포퓰리즘의 핵심 이념이라는 점은 매우 중요하다. 마음속 이상향의 거주자는 공동체의 주변 또는 외곽에 존재하는 사람들을 배제한 핵심 공동체다. 포퓰리즘 지지자는 국민을 세계의 중심 또는 세계의 본질이라고 간주한다.

내부를 중시하는 포퓰리즘의 특징은 마음속 이상향에서 잘 나타난다. 국제주의와 세계시민주의는 포퓰리즘의 적이다. 포퓰리즘은 자신이 내세우는 국민의 경계 외부에 있는 존재에 대해서는 무심한 태도를 보인다. 따라서 포퓰리즘은 고립주의와 폐쇄주의를 띠는 것이 보통이다. 이러한 포퓰리즘의 특징은 왜 포퓰리즘이 (신포퓰리즘에서 나타나듯) 인종 중심의 민족주의 경향을 띠며, (20세기 미국의 포퓰리즘에서처럼) 대외정책에서도 고립주의를 내세우는지를 잘 설명해준다. 포퓰리즘이 마음속 이상향 외부에서 수입된 이념에 관심을 보인다고 하더라도 이는 포퓰리즘 지지자에게 부수적인 관심사에 불과할 따름이다. 포퓰리즘이 외부에서 수입한 이념은 상상된 마음속 이상향의 경계를 뚜렷하게 만들어 내부의 연대감을 강화하는 역할을 할 뿐이다.

포퓰리즘이 내부를 중시한다는 점에서 민족주의로 마음속 이상향을 설명하려 할 수도 있다. 그러나 마음속 이상향과 민족주의는 상이한 개념이며, 이 둘 중 어느 것을 따르느냐에 따라 그 결과는 매우 달라진다는 것을 명확히 인식할 필요가 있다. 포퓰리즘은 민족에 포함되지 않는 사람들을 배제하지만, 그렇다고 민족에 포함되는 모든 사람을 끌어안는 것도 아니다. 민족이라는 개념과 관련해 일련의 사회집단을 배격한다는 점에서, 마음속 이상향은 특정한 방식으로 정의된 민족주의라고 할 수 있다. 마음속 이상향은 유기적 공동체라는 이념을 기반으로 한다. 따라서 마음속 이상향은 자연발생적 유대감을 기반으로 형성된 민족이라는 범위의 공동체보다 훨씬 더 좁은 형태로 제한된 유기적 공동체를 중시한다. 민족주의가 마음속 이상향에 내포된 가치를 표출한다는 점에서 민족주의와 포퓰리즘을 동일하다고 말할지도 모른다. 그러나 민족주의는 마음속 이상향으로부터 도출될 수 있지만, 그 반대는 성립하지 않는다.

그렇다면 포퓰리즘 정치에서는 마음속 이상향을 어떻게 이해할 수 있을까? 한 가지 방법은 '국민'이 호출되는 방식과 포퓰리즘 지지자가 추구하는 국민의 특징을 분석하는 것이다. 이를 통해 우리는 마음속 이상향을 간접적으로 이해할 수 있다. 때때로 마음속 이상향은 포퓰리즘 정치인의 말에서 명확하게 등장하기도 한다. 미국의 경우 '미국 중산층Middle America'이라는 말은 미국식 마음속 이상향을 직접적으로 표현하는 용어다. 이는 영국 정치에서 '영국 중산층Middle English'이라는 용어가 마음속 이상향에서 상상된 온건한 주류 영국인이라는 유권자 집단을 지칭하는 것과 유사하다. 미국 중산층이라는 용어는 낭만적으로 이상화된 평범함, 즉 '상식'을 기반으로 중도 성향의 정치를 지향하는 핵심 유권자 집단을 떠올리게 만든다.

러시아의 나로드니키는 마음속 이상향을 매우 명시적으로 보여주었다. 나로드니키는 러시아 농촌의 일상을 이상화하고 이를 이상적인 삶과 사회개혁의 지향점으로 추앙했다. 러시아 농노와 이들이 추구한 가치, 공동체 조직 방식과 공동생활 등은 러시아 포퓰리즘이 숭상하는 상징이 되었다. 나로드니키는 오브시치나를 이상화함으로써 다른 지역의 포퓰리즘보다 마음속 이상향을 더 자세하게 표출했다.

지금까지 우리는 왜 포퓰리즘이 국민의 이름으로 사람들을 호출하고 국민을 정치적으로 동원하는지 여러 관점에서 살펴보았다. 국민의 소박함에 대한 추앙과 제도에 대한 불신이 포퓰리스트의 동원 방식이자 포퓰리즘이 옹호하는 가치라는 것은 명백하다. 직설적이고 소박하며 명쾌한 화법이 바로 포퓰리스트 정치인의 화술이다. 포퓰리즘은 누구나 이해할 수 있는 방식으로 상식에 기반을 두고 해결책을 제시하려 한다.

포퓰리즘의 언어와 수사에서는 평범한 일상이 강조된다. 평범하고 본질적으로 도덕적인 '국민'을 추앙하는 포퓰리즘은 일상적인 상징물을 활용한다. 대중적 지지를 얻는 방법으로 평범한 일상을 강조하는 것은 효과적이다. 그러나 포퓰리즘 지지자의 특징 중 하나는 이들이 대체로 정치적으로 적극적이지 않다는 것이다. 따라서 포퓰리스트 정치인은 포퓰리즘 지지자를 동원하기 위한 방법을 강구해야만 한다. 지지자를 동원하기 위한 한 가지 방법은 바로 국민이 행동에 나서도록 계몽하는 것이다. 그러나 이러한 동원 과정은 모순을 드러내며 이 과정에서 포퓰리즘 정치는 난관에 부딪치게 마련이다. 왜냐하면 국민을 지도·계몽·동원하는 것은 국민의 의지가 아래로부터가 아닌 위로부터 형성된다는 것을 의미하기 때문이다.

포퓰리즘과 '국민'의 관계는 막다른 길로 몰리기 쉽다. 포퓰리즘 지지자의 진정한 특성이 무엇인지 알려주기에는 국민이라는 개념이 너무 광범하다. 그러나 포퓰리즘 지지자에게 국민은 엄청난 상징적 호소력을 갖춘 강력한 개념이기도 하다. 국민이라는 개념을 이용하지 않고서는 분열된 다양한 사람을 동원하기 어려우므로 포퓰리스트 정치인에게 국민은 유용한 개념이다. 동시에 포퓰리스트 정치인은 '국민'에 호소함으로써 개별 이해관계에 기반을 둔 대의민주정치를 거부하고 민주주의*의 대표자라는 이미지를 강화시킬 수 있다. 국민주권을 기반으로 하는 권력과 다수의 폭정이라는 가능성을 모두 담고 있는 민주주의의 모순을 보여준다는 점에서 포퓰리즘에서의 국민은 강력한 영향력을 갖는 개념이다.

마음속 이상향은 왜 포퓰리스트 정치인이 '국민'이라는 말을 사용하는지 이해할 수 있게 도와주는 길잡이 역할을 한다. 국민의 이름을 앞세우는 포퓰리스트 정치인의 주장은 공허한 수사법이 아니다. 여기에는 여러 가지 의미가 존재한다. 불행하게도 민주주의적 이념 및 이와 관련된 국민주권 개념은 '국민'이라는 용어가 널리 그리고 다양한 의미로 사용된다는 것, 그리고 포퓰리스트 정치인이 국민이라는 용어의 특정한 의미를 제거하고 박탈하는 방식을 택한다는 것을 잘 보여준다. 국민이라는 용어는 모호하기 때문에 나는 국민이라는 개념보다 마음속

---

* 여기서 민주주의는 '다수에 의한 정치'라는 뜻으로 사용되었다. 포퓰리즘과 침묵하는 다수를 연결시켜 논의한 앞부분을 참조. _옮긴이

이상향이라는 개념을 통해 포퓰리즘을 이해하는 것이 더 유용하다고 생각한다. 마음속 이상향이라는 용어는 포퓰리즘 지지자가 숭배하는 국민이 의미하는 바가 무엇인지, 포퓰리스트 정치인이 주장하는 국민이라는 개념의 원천이 무엇인지를 알려준다고 나는 생각한다. 다양한 방식으로 나타나는 포퓰리즘 현상의 공통점이 무엇인지, 그리고 개별 포퓰리즘 사례에서 마음속 이상향이 어떤 형태로 구현되는지를 이해할 수 있게 만드는 개념이 바로 마음속 이상향이다.

POPULISM

09

포퓰리즘의 제도적 딜레마

포퓰리즘은 본능적이고도 거의 원시적인 직관을 이용해 지지자를 설득한다. 포퓰리즘의 설득 방식은 포퓰리즘 운동을 역동적으로 만들고 급속한 성장을 가능하게 하는 등 놀라운 변화를 이끌어낸다. 이러한 현상은 포퓰리즘 운동 초반부에 명확하게 나타난다. 그러나 포퓰리즘 운동은 장기적인 비용을 치러야만 한다. 정치운동이 일정 기간 동안 지속되기 위해서는 조직의 구성 방식과 제도화 방식을 갖출 필요가 있다. 하지만 포퓰리즘 운동은 자발성이라는 특징으로 인해 조직 구성 방식과 제도화 방식을 갖추기가 쉽지 않다. 왜냐하면 자발적 분위기를 유지하면서 동시에 조직을 제도화하기란 어려운 일이기 때문이다.

정치적 표현이라는 측면에서 포퓰리즘 현상은 오래 지속되지 못한다. 왜냐하면 포퓰리즘 지지자는 제도에 대해 적대적인 태도를 갖고 있기 때문이다. 이로 인해 포퓰리즘 운동은 딜레마에 빠지고 자체적 성장이 제약된다. 즉, 포퓰리즘은 그 자체로 성장을 저해하는 한계 요인을 안고 있다. 바로 포퓰리즘과 제도 간의 불편한 관계다.

대의정치에서 정당은 핵심적인 정치제도다. 따라서 포퓰리스트 정치인이 비판하는 대상인 동시에 자신에 대한 지지자를 확보하는 방법이기도 하다. 이러한 이중성은 여러 문제를 일으키는 한편, 포퓰리즘이 처한 근본적인 제도적 딜레마를 보여준다. 대의정치제도에 대한 포퓰리즘의 반작용은 포퓰리즘 운동을 추동하는 힘이지만, 무엇인가를 이루기 위해서는 포퓰리즘 운동 역시 제도화에 의존할 수밖에 없다. 정당은 대의정치의 필수 요소이지만, 포퓰리즘은 정당을 불신한다. 그러나 포퓰리즘 역시 정당을 통해서만 가능하다.

포퓰리즘이 기존 정당에 대해 적대감을 갖고 있다는 것은 재론의 여지가 없는 사실이다. 1930년대 캐나다 앨버타주에서 사회신용당이 혜성처럼 등장한 이유는 윌리엄 애버하트라는 지도자의 종교적 열정과 기존 정당에 대한 불신 때문이었다. 사회신용당은 정당이면서도 자신의 조직을 언급할 때 사회신용당이라는 명칭보다 '사회신용운동' 또는 '사회신용 모임'이라는 용어를 더 선호했다. 19세기 미국에서는 기존 정당 시스템이 미국사회의 정치적 균열을 제대로 반영하지 못했기 때문에 포퓰리즘이 등장했다. 그러나 미국의 농민연맹조차도 완전한 형태의 정당을 수립해 선거에서 경쟁하겠다는 전략을 수립하기까지 오랜 고통의 시간을 거쳤다. 조지 월러스가 1968년 대통령 선거에 제3당 후보로 참여해 정치적으로 별 차이가 없었던 공화당과 민주당을 위협했다는 사실은 의미심장하다. 신포퓰리즘은 기성 정당에 대한 좌절감을 기반으로 등장했기 때문에 신포퓰리스트 정치인은 기존 정치를 구현하고 발전시켜온 기성 정당 체제를 거부하고자 했다. 그러나 모든 신포퓰리즘 정당은 정도의 차이가 있을 뿐 실제 국민으로부터 유리되고 부패하고 대표성이 낮은 연합체로서의 폐쇄적 정당 시스템을 구축하는 데 머물렀다.

주요 정당들이 주도하는 주류 정치를 비판하는 것이 포퓰리즘의 근본적인 설득 방법이다. 그러나 바로 이 사실로 인해 포퓰리즘 정당은 딜레마에 빠지게 된다. 포퓰리즘 정당은 대중의 지지를 얻으며 역동적으로 성장하는 과정에서는 자신이 기존 정당과 다르다는 것을 강조한다. 그러나 포퓰리즘 정당이 활동하는 대의정치 시스템의 제도적 논리는 포퓰리즘 정당으로 하여금 비판하고 있는 정당 형태를 따르도록 강요한다. 따라서 포퓰리즘 정당은 성공과 동시에 자신이 증오했던 바로 그 정당의 모습을 띠도록 강요받는다. 그 결과 장기적으로 포퓰리즘 정당은 (캐나다의 사회신용당처럼) 포퓰리즘적 성격이 약해지거나, (신포퓰리즘 정당들처럼) 내분에 휩싸이거나, (미국의 국민당처럼) 스스로 붕괴되고 만다. 이들 사례는 포퓰리즘은 자신의 성장을 스스로 제약할 수밖에 없는 운명을 타고났음을 보여준다.

카리스마 넘치고 권위적인 포퓰리즘 리더십

포퓰리즘 정당이 처한 제도적 딜레마를 해결하는 한 가지 방법은 지도자 역할을 강조하는 것이다. 포퓰리스트 정치인은 무엇이 정치적 덕목인지를 명확하게 내세우는 방식보다 지도자가 보유한 개인적 덕목을 내세우는 방법으로 지도자의 리더십을 강조한다. 국민이 지혜를 보유하고 있다는 믿음처럼, 포퓰리즘에서는 올바른 지도자가 선택한 행동이 바로 올바른 방식의 정치 행동이라고 간주한다. 지도자의 인간성 및 정치적 원칙을 리더십과 동일시하는 것은 포퓰리즘 운동 참여자가 마음속 이상향의 거주자에게서 덕목을 읽어내는 상황과 동일하다. 포퓰리즘이 공허하고 핵심적인 가치를 보유하지 못한다는 것은 지도자의 인치人治로 이어질 가능성이 높다는 것을 의미한다.

수많은 포퓰리스트 정치인의 리더십은 카리스마적 특성을 갖는다. 아르헨티나의 후안 페론부터 캐나다 앨버타주의 윌리엄 애버하트, 프랑스의 장-마리 르펜 같은 여러 포퓰리스트 정치인은 인간적 매력은 물론, 카리스마까지 갖춘 특정 유형의 인간형이 요구되는 리더십을 추구했다. 막스 베버Max Weber(Weber 1968: 241~245)는 카리스마적 권위를 전통적 권위와 법적-합리적 권위와 구분한 것으로 유명하다. 베버는 민주주의 체제를 따르는 근대 사회에서는 피치자의 동의를 기반으로 하며 법과 제도를 통해 지도자의 합법성을 추구하는 형태로 법적-합리적 권위를 추구한다고 주장했다. 반면 카리스마적 권위는 태고의 전통을 토대로 수립된 사회 구조나 역사에 기반을 두는 전통적 권위와 달리 지도자의 독특한 개인적 성향 및 추종자들이 지도자에게 부여한 덕목에 기반을 두고 탄생한다(Weber 1968: 244; Willner 1984: 202~203).

카리스마적 권위와 포퓰리즘 사이에는 여러 가지 유사성이 존재한다. 카리스마적 리더십은 종교적 리더십과도 유사하다. '카리스마'라는 말은 '은사恩賜, grace'라는 말에서 유래되었으며, 카리스마적 지도자는 추종자들의 헌신에 가까운, 그리고 믿음을 기반으로 한 충성심을 이끌어 낸다. 앤 루스 윌너Ann Ruth Willner(Willner 1984: 7)의 말을 빌리자면, 카리스마적 지도자의 추종자는 "헌신, 경외, 존경, 맹목적인 믿음, 다시 말해 종교적 신앙에 가까운 감정"을 갖고 지도자를 따른다. 카리스마적 지도자는 초인超人, superhuman*과도 같은 권력을 갖고 있으며, 이는 추종자들의 평범함과 대조된다. 포퓰리즘 운동과 종교 운동은 여러 속성이 유사하다. 따라서 포퓰리즘 운동에서는 종교적 속성을 띤 권위 형태에 의존하기도 한다. 포퓰리즘 사상에서 나타나는 도덕적 근본주의, 그리고 실제 포퓰리즘 운동에서 나타나는 준종교적 성격은 포퓰리즘이 왜 카리스마적 지도자를 필요로 하는지 잘 설명해준다.

카리스마적 리더십에서는 카리스마적 지도자의 의지가 제도와 규칙을 대체하는 특징을 갖는다. 이로 인해 포퓰리즘에서는 복합적인 제도를 구성하지 않으며, 이로 인해 포퓰리스트 정치인이 대의정치에 내재한 제도화를 거부함으로써 지지자를 동원하는 결과로 이어진다. 따라서 포퓰리스트 정치인은 복잡한 제도적 구조를 우회하고 제도를 자신에게 맞추는 방식으로 권력을 쟁취한다. 카리스마적 리더십 형태가 단순하다는 것은 포퓰리즘이 정치적·제도적 단순함 및 직접성을 선호한다는 것과 상통한다.

카리스마적 권위는 억압과 고난의 시대에 등장한다. 내가 강조했듯 사람들이 사회적 위기를 느끼고 사회도덕이 붕괴한다고 느낄 때 포퓰리즘이 등장한다. 이런 점에서 포퓰리즘과 카리스마적 리더십은 보편적 용어가 아닌 상황에 적합한 특수한 용어를 통해 정당성을 확보한다. 다른 방식으로 표현하자면 비상 상황은 평범함을 거부하는 방법과 행

---

* 저자의 의도가 무엇인지는 확실하지 않지만 철학자 니체의 '초인사상'이 반영된 듯하다. 니체가 말하는 초인(Übermensch)에 대해서는 여러 가지 해석이 분분하다. 아마도 저자는 일상의 허무와 시대적 압박에 굴복하기 쉬운 보통 사람과 달리 스스로의 의지를 발현해 이상을 추구하며 형식만 남은 제도와 현실 타당성을 잃어버린 무의미한 이론을 배격하는 생기 넘치는 인간을 지칭하기 위해 초인이라는 말을 사용한 듯하다. _옮긴이

동을 요구한다.* 위기의 순간 독특한 인간적 매력을 갖고 있는 개인의 등장은 잠재적 지지자에게 위안을 준다. 왜냐하면 이러한 개인이야말로 곧 밀어닥칠 것 같은 재앙의 주변부에 살고 있는 사람에게 구원을 제시하는 존재이기 때문이다.

끝으로 카리스마적 리더십과 포퓰리즘은 둘 다 한시적이고 불안정하다는 점에서 유사하다. 카리스마적 리더십은 카리스마적 권위를 다른 형태의 권위로 대체시키려는 경향을 보인다. 이 대체 과정이 없을 경우 카리스마적 리더십을 창출하는 카리스마적 지도자가 세상을 떠나면 리더십도 사라질 수밖에 없다. 특정 개인을 중심으로 한 리더십은 한 개인에서 다른 개인으로 옮겨가기가 엄청나게 어렵다(왜냐하면 개인은 서로 매우 다르기 때문이다). 따라서 카리스마적 지도자에게 의존하는 포퓰리즘 체제는 장기간 유지되기가 매우 어렵다. 심지어 카리스마적 지도자에게 의존하지 않는 포퓰리즘 체제라 하더라도 포퓰리즘이 갖고 있는 제도적 정치에 대한 내재적 거부감 때문에 계속 유지되기가 쉽지는 않다. 그러나 제도화는 어떠한 형태의 정치운동이 지속되기 위한 필수조건 중 하나다.

포퓰리즘은 카리스마적 리더십으로 빠지는 경향이 있다. 이는 포퓰리즘이 전반적으로 강한 리더십을 선호한다는 사실을 보여주는 것이기도 하다. 카리스마적 리더십은 포퓰리즘 지지자들의 평범함과 포퓰리즘 지도자의 비범함을 동시에 숭상하는 포퓰리즘 징후에 불과하다. 포퓰리즘 지지자와 지도자는 갈등을 일으키기도 한다. 따라서 포퓰리즘

* "주권자는 예외를 결정하는 자다"라는 칼 슈미트의 말을 되새겨보기 바란다. _옮긴이

추종자들은 어떤 경우에는 카리스마적 지도자를 선호하지만, 다른 경우에는 권위주의적 또는 준권위주의적 리더십을 선호한다.

포퓰리즘 운동과 정당의 구조는 매우 중앙집중화되어 있다. 이 책에서 내가 신포퓰리즘 정당이라고 부른 일련의 정당은 정도의 차이가 있을 뿐 관료주의적 모형을 따르는 대중 정당과 구분되지만, 중앙집중적 구조를 가지며 개인의 리더십에 의존하는 구조를 띤다는 점에서는 대중 정당과 동일하다. 페론, 페로, 애버하트, 월러스, 롱, 글리스트루프, 보시, 베를루스코니, 르펜 등이 주도했던 정당을 살펴보라. 이들 포퓰리즘 정당에서는 조직 방식과 정치적 상징의 중심이 포퓰리즘 지도자다. 극단적인 경우 포퓰리스트 정치인이 당내 반대세력에 무자비한 행태를 보이기도 한다. 페론이 자신의 리더십에 도전하는 세력을 강하게 징벌한 것이 그 예다. 당내 반발에 대해 포퓰리즘 지도자가 억압적인 태도를 보이고 포퓰리즘 지지자는 이러한 지도자의 억압에 너그럽게 대응했다는 것은 포퓰리즘이 제도에 바탕을 둔 정치를 거부한다는 사실을 보여주는 또 다른 사례이기도 하다. 포퓰리즘은 문제를 해결하기 위해 복잡한 과정을 거치는 일반적 정치보다는 개인의 리더십에 근거한 단순한 해결을 선호한다.

포퓰리즘이 리더십을 중시하는 이유는 제도적 절차에 따른 복잡성을 감소시키고 포퓰리즘 리더십에 대한 지지자들의 신념을 구현하기 위해서다. 이 두 가지 목적은 서로 구분되지만 동일한 결과로 이어지며 동일한 딜레마를 야기한다. 일반 국민이 리더십을 발휘하는 몇몇 뛰어난 개인에 의지한다는 사실 자체가 포퓰리즘 리더십이 처한 딜레마다. 카리스마적이지 않은 포퓰리즘 리더십의 경우 권위주의적이거나 중앙집중적인 리더십 형태를 띤다. 포퓰리스트 정치인은 제도에 대해 적대감을 갖고 있으므로 단순한 형태의 조직 구성을 선호하는데, 조직이 단순해지면 리더십을 견제하기가 어려워져 결국 조직을 이끄는 수장에게 더 큰 권력을 몰아주게 되기 때문이다. 따라서 포퓰리즘이 추구하는 리더십 형태는 장기적으로 유지되기가 매우 어려우며, 포퓰리즘 운동의 추진력이던 '국민' 숭배와는 명백한 모순을 보인다.

직접민주주의

포퓰리즘의 제도적 딜레마를 피해가거나 해결하는 방법 중 하나는 직접민주주의를 채택하는 것이다. 직접민주주의는 국민과의 직접 접촉을 강조하는 것은 물론, 정당이라는 중간 기구를 거치지 않을 수도 있기 때문이다. 때때로 포퓰리즘은 직접민주주의와 거의 비슷한 의미로 사용되기도 한다. 물론 포퓰리즘이 직접민주주의와 밀접한 관련을 맺고 있기는 하지만, 이 둘을 거의 동일한 의미로 사용하는 것은 직접민주주의 이론의 영역을 간과하는 동시에 포퓰리즘의 일부만 고려한다는 문제를 안고 있다. 일반적으로 포퓰리즘을 직접민주주의적 방식을 사용하는 특정 방식의 정치라고 파악한다면, 포퓰리즘은 직접민주주의와 관련될 수 있다. 또한 다양한 포퓰리즘 운동이 직접민주주의 메커니즘을 통해 포퓰리즘에 대한 대중의 관심과 지지를 이끌어낼 수 있다는 점에서, 포퓰리즘은 직접민주주의와 관련될 수 있다.

직접민주주의의 장점으로는 다음과 같은 주장들이 언급된다. 대의민주주의에서는 국민의 참여가 부족하므로(Arblaster 1994), 직접민주주의는 대의민주주의에 부족한 국민의 참여를 보충하기 위한 제도적 메커니즘으로 사용될 수 있다(Budge 1996). 현실 정치에서 직접민주주의 메커니즘이 가장 광범위하게 적용되는 지역은 스위스와 미국의 몇몇 주다. 이 경우 직접민주주의 메커니즘은 대의민주주의 제도의 결함을 보완하는 보완재로 사용된다.

미국의 경우, 대의정치 상황에서 직접민주주의 제도가 형성된 과정을 보면 종종 포퓰리즘 형태를 띤다. 미국의 몇몇 주에서는 국민발의제, 국민투표제, 국민소환제 등의 장치가 대의정치의 대표 기능을 보충하거나 보완하기 위해 다양한 방식으로 시도되었다.

국민발의제도가 활용되고 있는 미국의 몇몇 주의 경우 국민발의제도가 포퓰리즘의 도구로도 활용되고 있다. 데이비드 매글비David Magleby (Magleby 1994: 238)는 1978년부터 1992년까지 미국에서 제출된 399개의 국민발의 내용을 분석했는데, 국민발의 중 76%가 정부 및 정당 개혁, 공중도덕, 정부의 세수·과세·채권, 산업 규제와 노동, 네 개의 항목에 해당한다는 사실을 발견했다. 이 네 개 항목은 공중도덕, 제도와 세금에 대한 불신이라는 포퓰리즘의 주요 의제를 포함한다는 점에서 시사하는 바가 크다.

가장 유명한 국민발의 중 하나는 1978년 캘리포니아에서 제출된 '국민제안 13호Proposition 13 in California'다. 재산세를 다룬 이 국민발의는 미국의 다른 주에서도 유사한 방식의 세금 관련 항의를 촉발했다. 캘리포니아 국민제안 13호를 주도한 인물은 하워드 저비스Howard Jervis였는데, 이 발의안에는 수많은 포퓰리즘적 요소가 반영되어 있다. 언론은 저비스를 대중적 영웅으로 치켜세웠다. 그의 캠페인은 정치인과 관료 집단을 공격했으며, 캘리포니아 국민제안 13호를 통해 재산세의 2/3가량을 감축할 수 있다고 주장했다(Sears and Citrin 1982: 26~31). 이는 국민발의라는 직접민주주의 방식을 활용한 유명한 사례다. 그러나 아마도 더 중요한 것은 이 국민발의를 가능하게 만든 정치 유형일 것이다. 개인 리더십을 중시하고 반엘리트주의와 세금 감축을 옹호한 이 캠페인은 캠페인의 기반이던 직접민주주의 제도보다 더 강한 포퓰리즘적 속성을 띠었다.

직접민주주의 기법을 활용하는 것이 직접민주주의의 제도화를 의미하지는 않는다. 왜냐하면 직접민주주의 기법은 대의정치제도를 보완하는 데 가끔 사용될 뿐이기 때문이다. 즉, 직접민주주의 기법이 포퓰리즘과 반드시 모종의 연관성을 갖지는 않는다. 국민투표가 간헐적으로 시행된다고 해서 기성 정치인의 권력이 사라지는 것도 아니다. 종종 국민투표는 정치 엘리트가 국민에게 어떤 정책을 실행할지 아니면 실행하지 않을지를 자문하는 정도의 지위를 갖는 것이 보통이다. 직접민주주의 제도가 헌법에 명시되어 있는 한, 직접민주주의에는 포퓰리즘적 열망이 반영될 것이다. 미국의 국민발의제도는 이 제도가 자문 이상의 기능을 갖는 미국 정치에서 포퓰리즘적 요구를 실현시키는 기능을 수행하고 있다.

음모이론

직접민주주의와 같은 실질적인 해결책을 제시하지는 못하지만, 포퓰리즘의 제도적 딜레마에 대응하는 또 하나의 방식은 음모이론에 의지하는 것이다. 엘리트를 적대시하고 엘리트를 위기의 주범이라고 간주하는 특성 때문에 포퓰리즘은 음모이론에 더 쉽게 빠진다. 금융업자,

정치인, 지식인, 기업체 수장과 같은 다양한 엘리트 집단을 동일하게 취급하면서 음모이론의 구성요소, 즉 이들 엘리트가 결국 한통속이라는 주장에 빠지기 쉽다. 음모이론은 사람들을 정치적으로 동원하는 중요한 기능을 갖고 있으며, 사회에 불만을 느끼는 사람들로부터 호응을 얻는다. 사회에 불만을 느끼는 사람들은 음모이론을 통해 음모이론이 없었다면 개별적 사실에 불과했을 일을 이해하게 되었다고 느끼며, 이들에게 좌절감을 안겨준 음모세력을 분쇄하기 위한 운동에 참여하려는 동기를 얻는다.

음모이론은 음모세력이 자신들의 특수한 이익을 증진시키기 위해 은밀하게 음모를 꾸민다고 가정한다. 수많은 정치학 이론에서는 엘리트 집단이 사회를 통치하며 다양한 영역의 엘리트들이 상당히 일관된 방식으로 사회의 통치 시스템에 참여한다고 주장한다. 이러한 사회과학 이론의 주장은 몇몇 사회집단에 권력이 과도하게 집중되어 있다는 엘리트주의 이론가(이를테면 Mills 1956)와, 사회가 특정 계급의 이익을 위해 운영된다고 간주하는 마르크스주의 및 계급 기반 이론(Miliband 1969)에서도 나타난다.

주장만 떼어놓고 본다면 엘리트주의 이론 및 계급 기반 이론도 음모이론처럼 보일 수 있지만 실상은 그렇지 않다. 이들 이론과 음모이론은 구분된다. 사회과학 이론에서는 통치 시스템이 어떤 조직이나 몇몇 개인의 의도적인 행동에서 비롯되는 것이 아니라 체계적이고 제도적인 작동 방식에서 비롯된다고 주장한다. 의도적으로 음모를 꾸미는 행동은 엘리트주의 또는 계급 기반 이론에서는 나타나지 않는다. 음모는 발견될 수 없으며 따라서 음모가 발견되지 않았다는 것 자체가 음모가 존재한다는 결정적 증거라는 것이 음모이론의 순환 논리다. 다시 말해 음모이론의 정의상 음모이론은 경험적 연구를 통해 반박하는 것이 불가능하다. 음모이론을 믿는 사람에게는 음모가 존재하는지를 연구하는 학자들의 행위가 무의미한 것으로 비추어지며, 심지어 음모의 일환으로 여겨지기도 한다. 음모이론은 권력에 대한 이론적·학문적 주장을 무력화시키기 위한 일부 포퓰리즘 추종자의 또 다른 정당화 기제다.

음모이론은 마음속 이상향과는 다르다. 마음속 이상향은 강력한 호소력에도 불구하고 본질적으로 모호하고 불투명한 개념이다. 음모이론은 마음속 이상향을 위협하는 모호한, 그러나 실재하고 신비로운 세력이 존재한다는 주장을 지속적으로 반복한다. 음모이론은 엘리트 지배라는 현실에 대한 일련의 신화를 제공하며 포퓰리즘 동원을 정당화하는 역할을 수행한다.

일부 포퓰리즘 추종자는 음모이론을 통해 자신들이 왜 정치적 운동을 계속해야 하고 포퓰리즘 정당을 유지해야 하는지를 설명한다. 음모이론은 포퓰리즘의 세계관에서 발생하는 모순을 해결해줄 수 있는 설명을 제공한다. 왜냐하면 음모이론의 관점에서 볼 때 포퓰리즘 조직이나 정당이 필요한 이유는, 이러한 조직과 정당이 지배 엘리트 전반에 반대하는 것이 아니라 정치를 지배하는 비밀 엘리트 조직에 반대하기 때문이다. 음모이론은 제도적 딜레마에 처한 포퓰리즘에 유용한 이론적 안식처를 제공한다. 그러나 이러한 음모이론은 포퓰리즘을 지지하고 상대적으로 힘이 없는 일반 국민들을 설득하고 동원하는 방식으로는 별 효과를 갖지 못한다.

정치적 현상으로서의 포퓰리즘은 제도와 매우 모호하게 연관되어 있다. 바로 이 때문에 포퓰리즘의 수명은 한시적이다. 포퓰리즘은 제도와 불화를 일으킬 수밖에 없다. 포퓰리즘 추종자는 사회가 평안할 때에는 제도를 불쾌하게 바라보지만, 사회가 위기에 빠졌을 때에는 적대감을 가지고 바라본다. 포퓰리즘이 정치의 영역에 들어오면 포퓰리스트 정치인은 다양한 방식으로 제도와 갈등을 겪는다. 정치세력 또는 정치운동으로서의 포퓰리즘을 조직하고 동원하기 위해서는 제도화 과정을 거칠 필요가 있다. 이러한 필요성으로 인해 포퓰리즘은 카리스마적이거나 중앙집중적인 리더십에 의존하기도 하고 파편화되기도 하며 소멸하기도 한다. 포퓰리스트 정치인은 개인의 리더십에 의존하거나 제도화를 채택할 경우 자신들이 애초에 제시한 설득력의 상당 부분을 잃거나 정체성의 일부를 박탈당할 수밖에 없다. 다시 말해 자신이 그토록 비판했던 대상과 같아질 수밖에 없다.

제도에 대한 포퓰리즘의 태도는 행위로서의 정치에 대한 근본적인 양가감정과 어느 정도 통하는 면이 있다. 포퓰리즘은 스스로의 정치가 아닌 다른 누군가에 의한 정치라는 특징을 보인다. 포퓰리즘 추종자는 정치 과정보다는 통치 결과를 선호한다. 포퓰리즘 추종자는 오로지 힘든 상황에서만 자신들의 손으로 정치운동을 수행하거나 정당을 결성한다. 포퓰리즘은 그 자체로 반정치적 속성을 갖기도 하지만, 자신이 제도와 맺고 있는 불화로 인해 반정치적 속성을 갖기도 한다. 포퓰리즘이 정치를 꺼리는 이유 중 하나는 제도, 특히 대의정치제도에 참여하는 것이 포퓰리즘의 종말을 의미하기 때문일지도 모른다.

제도에 대한 포퓰리즘의 양가감정은 왜 포퓰리즘이 완성된 형태의 정치운동이나 정치세력화로 나아가지 못하는지를 설명해준다. 포퓰리즘은 스스로를 구속하는 속성을 갖고 있다. 다른 한편으로 제도에 대한 포퓰리즘의 양가감정은 왜 포퓰리즘이 스타일 또는 수사법으로서 보편적으로 사용되는지를 잘 설명해준다. 포퓰리즘은 정치제도에 대한 회피 또는 본능적인 좌절감을 표출하는 편리한 방법이다. 물론 어떤 정치운동도 언젠가는 시련을 겪기 마련이다. 포퓰리즘은 기성 정치제도에 대한 좌절감을 표현하고 싶은 사람들에게는 좋은 시작점이다. 정치적 사태를 장기적 관점에서 바라보면 이러한 좌절감은 조만간 사라지거나 위기의 순간 정치적 본능으로 표출된다. 따라서 포퓰리즘은 사람들의 동의를 얻더라도 불완전한 형태를 지닐 뿐이며, 좌절감을 느끼는 사람들에게 위기에 대한 편리한 변명거리를 제공할 뿐이다.

제도에 대한 포퓰리즘의 양가감정은 한편으로는 왜 포퓰리즘 현상이 완전히 발휘되는 경우가 드문지를, 다른 한편으로는 왜 포퓰리즘이 불완전한 모습으로 자주 등장하는지 또는 거의 모든 이념적 범위의 정치인에게서 발견되는지를 설명해준다.

10

포퓰리즘과 대의정치

민주주의는 현 시대의 유일한 정치적 사상이다. "우리 모두는 민주주의자다"라고 선언하는 것은 쉬운 일이다(게다가 거의 맞는 말이다). 그러나 사상으로서의 민주주의와 제도로서의 민주주의는 구분된다. 민주주의 사상이 매우 다양한 방식으로 개념화되면서 민주주의 이념은 근대에 주류 이념으로 부상했다. 민주주의의 덕목이 무엇인가에 대해서는 정말로 다양한 의견이 존재하는데, 그 이유는 민주주의의 덕목이 다종다양한 의미와 결부되어 있기 때문이다. 민주주의는 핵심 가치와 세상의 작동 방식에 대한 해석을 둘러싸고 불가피하게 등장하는 다양함을 은폐하면서 여러 발전 경로를 따라 현실 속에서 전개되었다. 민주주의가 '본질적으로 논란이 되는 개념'이라는 것은 정치학의 핵심 명제이기 때문에 민주주의의 의미를 둘러싼 논박과 토론은 계속되었다. 이처럼 민주주의는 역사적으로 줄곧 논란의 대상이었다(Gallie 1962).

그러나 민주주의 정치제도(즉, 이념이 실천으로 옮겨지는 방법)는 상당 수준의 합의에 도달한 상태다. 만약 우리가 민주주의와 관련된 제도 및 실천에 대한 목록을 뽑아본다면, 민주주의 제도는 대중선거권이라는 기회, 즉 국회의원을 충원하는 기능을 담당하는 여러 경쟁 정당 중 하나를 선택하는 기회를 유권자에게 부여하는 제도라는 사실을 중심으로 다양한 (그리고 진정한) 합의를 발견할 수 있다. 어떤 사람의 시각에서는 이것이 최소한의 조건일 수 있지만, 다른 사람의 시각에서는 이 자체가 민주주의일 수도 있다. 그 위상이 어떠하든, 대의민주주의 모형이 민주주의 제도의 주류로 정착했음을 알 수 있다. 실질적으로 근대적 민주주의 정치가 대의민주주의 정치라는 점에서는 예외가 없다.

선거, 의회, 정당 등 쉽게 파악할 수 있는 대의민주주의 형태는 수많은 민주주의의 척도다. 선거, 의회, 정당 등은 민주주의라는 공구상자에 들어 있는 여러 공구다. 공구가 어느 정도 서로 다른 용도를 지닐 수는 있지만, 그토록 많고도 다양한 정치가, 운동, 체제가 대의민주주의 제도를 통해 정당성을 구축한다는 것은 놀라운 일이다. 정치지도자는 정당 수립을 통해 정치적 정당성을 찾으며, 정부의 정당성은 선거를 통해 확보된다. EU와 같은 국제 정치제도의 경우 대의정치를 제도적으로 보장하고 있는지 여부가 EU 가입의 선결조건이다.

대의민주주의 제도의 확산은 자유주의와도 관련이 있다. 시민권, 국가의 한계, 법치주의 등과 같은 이념은 대부분의 근대 정치체제에 스며들어 있다. 이러한 이념들이 대의정치제도와 통합됨에 따라 자유주의적 사상은 점차 헤게모니를 쥐게 되었다. 어떤 이들은 이를 열광적으로 받아들여, 잘 알려진 대로 '역사의 종말'을 선포하기도 한다. 반면 다른 이들은 자유주의의 확산으로 인해 '자유시장'과 자유시장에서 어쩔 수 없이 나타나는 권력과 부의 불평등이 은폐되고 있다고 부정적으로 바라보기도 한다.

포퓰리즘은 대의정치에 대한 반작용이다

말 그대로 '대의정치'는 자유민주주의 제도와 관련해 등장하는 정치 유형을 일컫는다. 물론 국가 또는 지역 상황에 따라 상이한 정치 시스템이 독특한 방식으로 조합되고 정치적 규범과 가치도 다양하기 때문에 대의정치도 그 형태가 다양하다. 대의정치의 형태가 이처럼 다양하긴 하지만, 대의를 중심으로 설계된 민주주의에서 나타나는 정치유형을 파악하기에는 충분히 유용하다.

대의정치는 다양한 과정으로 구성된다. 대의정치는 선거 주기, 정당 정치, 공적 토론, 공공 정책 결정 등을 다루는 조직의 독립 과정과 조직 간의 상호작용 과정 등으로 구성된다. 이와 같은 주기와 과정을 거쳐 여러 제안과 정책이 서로 연결된다. 이러한 제안과 정책은 서로 갈등을 겪기도 하고, 공공 정책 형태로 현실에서 실행되기도 한다.

매우 추상적인 방식으로 표현하자면, 포퓰리즘은 통치자에 대한 피치자의 원초적인 정치적 반발이 현실화된 것이다. 이러한 포퓰리즘 현상은 그 내부에 엄청난 다양성이 존재하기 때문에 추상적인 속성만 지니고 있을 뿐이다. 그러나 일단 체계적인 방식으로 다른 이념과 접합되면 추상적인 포퓰리즘은 구체적인 포퓰리즘으로 변할 수 있다. 대의정치 과정을 통해 포퓰리즘은 정치적 프로그램이라는 체계적인 방식으로 발전될 수 있고 이를 통해 구체적인 정치적 이념으로 고취될 수 있다.

포퓰리즘이 정치운동이 되기 위해서는 대의정치 과정에 반하는 동시에 대의정치 과정에 의존해야만 한다.

1부에서는 포퓰리즘이 대의정치에 어떻게 반발했는지를 보여주는 여러 사례를 소개했다. 러시아의 나로드니키가 지닌 정체성의 상당 부분은 러시아적 사회주의의 혁명 가능성에 대한 믿음과 연결되어 있었다. 이는 당시 유행하던 혁명사상으로서의 민주주의 이념을 실질적으로 거부한 것이었다. 한편 러시아 농노계급의 문화적 양식을 추앙함으로써 대의정치와 관련된 제도를 명시적으로 거부했다. 앨버타주에서 등장한 사회신용당의 포퓰리즘 이념의 경우 경제 운용과 분배 관련 사회정의, 이 두 가지를 감독하기 위한 전문가위원회를 설립했는데, 이는 대의정치에 대한 명시적인 거부였다. 이는 국민(또는 국민이 선출한 대표자들)의 권능competence을 박탈하는 것이자, 동시에 공공 정책 형성과 관련된 특정 형태의 정치 또는 정치적 과정을 우회하기 위한 시도이기도 했다. 대의정치의 논리를 통해 정책이 결정됨에도 불구하고, 사회신용당은 정책 결정 과정에서 정치를 분리시키려 시도했다.

페론주의를 설명하면서 나는 리더십의 역할을 강조했다. 페론주의의 경우 카리스마적 리더십 또는 지도자 개인의 리더십을 강조하는 경향이 강하게 드러났다. 여론을 주도하는leading 것과 추종하는following 것 사이의 긴장 관계로 인해 리더십과 대의정치의 관계는 복잡 미묘한 양상을 띤다. 카리스마적 리더십에서 대중과 대중의 대표자가 맺는 관계는 대의민주주의에서의 관계와 전혀 다르기 때문에 개인적 또는 카리스마적 리더십은 대의정치와 대립된다고 말할 수도 있다. 대의정치의 경우 지도자가 누구를 대표하는가에 따라 대중의 선택이 달라지지만 카리스마적 리더십의 경우 대중이 지도자를 추종한다.

신포퓰리즘은 대의정치에 대해 양가감정을 드러낸다. 신포퓰리즘 정당은 무언가를 반대하며 등장한 정당이다. 현대 정치에 대해 신포퓰리즘 추종자는 대의정치가 사회적 소수자 집단을 과도하게 대표한다고 비판한다. 신포퓰리즘 정당은 국가가 소수자 집단의 조직적 이해 또는 자유주의적 엘리트의 합의를 위한 먹잇감으로 전락했다고 주장하면서, 현대의 대의정치가 제대로 작동하지 못한다고 비판한다. 신포퓰리즘은 대의정치의 작동 방식에 대한 비판 및 정치에 대한 강한 불신을 기반으로 하고 있다.

내 주장대로 만약 포퓰리즘이 통치자에 대한 피치자의 반발에 뿌리를 두고 있다면 다음 두 가지 함의를 도출할 수 있다. 첫째, 포퓰리즘은 풀뿌리 수준에서 불명확하고 산만하게 존재한다. 이처럼 불명확하고 산만한 느낌이 실제로 표현되면 매우 상이한 형태를 띠게 된다. 불명확함이 정치적 행위나 정치적 이념(또는 둘 다)으로 표출되면, 불명확한 형태의 포퓰리즘적 느낌이 이미 존재하던 정치적 이념과 섞일 수도 있고 기존의 정치적 이념을 부정하며 근본적으로 다른 상황을 초래할 수도 있는 등 포퓰리즘의 불명확함은 여러 가지 형태를 띠게 된다. 정치 시스템은 여러 대에 걸쳐 구조화되었기 때문에 포퓰리즘은 다양한 형태로 변형되어 나타날 수 있다.

둘째, 포퓰리즘은 근대성에 대한 반발이라고 볼 수 없다. 이는 포퓰리즘이 근대화에 대한 반발에 뿌리를 두고 있다고 지적하는 여러 분석[일례로 Lipset(1963)]과 배치된다. 포퓰리즘과 근대성의 관계는 단순하지 않고 매우 복잡하다. 근대성은 포퓰리즘 운동이 체계화될 수 있는 조건을 부여해주며, 따라서 포퓰리즘 운동에서 명확한 형태로 나타난다. 동시에 근대성은 복잡한 형태의 정치와 제도적 구조(이것이 바로 포퓰리즘이 분노하는 대상이다)를 만들어내기 때문에, 포퓰리즘 관점에서 보면 피치자의 좌절감은 극대화된다.

포퓰리즘의 등장에 영향을 미치는 또 다른 요인은 근대 사회의 규모다. 사회 규모가 커짐에 따라 통치자와 피치자 간 거리는 점점 더 멀어지고 있으며, 더 중요하게는 누가 통치자이고 누가 피치자인지 모호해지고 있다. 어떤 봉건 지주가 억압적이라는 것과, 그 봉건 지주가 특정 계급의 일원이라고 주장하는 것은 별개의 문제다. 포퓰리즘은 '어떤 이he'가 '어떤 이들they'이 될 때 등장한다. 마찬가지로 국민이라는 이념이 일반화된 집단으로 소환되면 '나i'는 동일한 상황에 처해 있으며 개인으로서 같은 좌절감을 느끼는 '우리we'로 변하게 된다.

현대의 정치 상황으로 인해 대의의 범위, 규모, 복잡성이 증가하고 있다. EU와 같은 국제기구는 새로운 영역의 정치를 발전시키고 창출하고 있으며, 이에 따라 개인의 대표성이 갖는 잠재적 범위도 확장되고 있다. 근대 정치에서 투표와 같은 단순한 정치 행위는 단일한 정치 행위가 아니다. 왜냐하면 투표와 대의가 지역, 국가, 국가 간의 여러 수준에서 동시다발적으로 발생하기 때문이다. 대의정치의 범위와 복잡성이 증가함에 따라 대의의 영역이 더 넓어지고 있으며, 동시에 포퓰리즘이 등장할 가능성과 원인 역시 증가하고 있다.

포퓰리즘은 대의정치에 어떤 영향을 미치는가

포퓰리즘과 대의정치의 관계는 일방향적이지 않다. 포퓰리즘 운동이 포퓰리즘을 배태한 대의정치 시스템에 미치는 효과를 추적해보자.

포퓰리즘 운동은 대의정치 시스템에 독특한 효과를 일으킨다. '국민'(8장에서 보았듯 포퓰리즘에서의 국민은 특별한 의미를 갖는다)을 강조하는 포퓰리스트 정치인의 수사는 대의민주주의의 핵심 원리 중 하나와 관계되어 있다. 국민이라는 말은 대의정치에서도 사용된다. 대의정치체제에서 등장하는 거의 대부분의 정치운동은 어떠한 방식으로든 국민이라는 용어를 사용한다. 그러나 포퓰리즘은 엘리트와 국민을 명시적으로 대립시키면서 밋밋한 시위 구호에 그칠 수도 있는 국민이라는 용어를 잠재적인 정치적 무기로 사용한다.

대의정치 시스템에서 뚜렷하게 등장하는 포퓰리즘은 정치가와 국민의 관계를 변화시키는 맥락을 창출해낸다. 에드워드 실즈는 포퓰리즘이 '전도된 평등주의inverted egalitarianism'를 창출한다고 주장했다. 왜냐하면 포퓰리즘에서는 "국민이 단순히 통치자와 동등한 존재에 그치지 않고 통치자보다 실질적으로 우월한 존재라는 믿음을 가미"(Shils 1956: 101)하기 때문이다. 포퓰리즘은 다른 대의기구가 내세우는 정당성의 근거와 특정한 공공 정책에 대한 주장의 근본을 변화시킨다. 포퓰리즘은 단순함의 정치, 국민주권의 정치, 이분법의 정치라는 세 가지 방법으로 정치 토론 구조에 영향을 미친다.

포퓰리즘은 단순함의 정치를 수립하는 것을 목표로 한다. 정치는 소박한 국민의 지혜를 구현해야 하므로 단순하고 직접적인 형태여야 한다. 포퓰리즘은 단순함의 정치를 내세움으로써 부분적인 성공을 거두기도 한다. 다른 정당이나 정치운동은 포퓰리즘이 내세우는 단순함의 정치와는 추구하는 바가 다르지만 포퓰리즘이 추구하는 단순한 스타일을 모방함에 따라 자신들의 입장을 재구성하도록 압박을 받을 수밖에 없다. 따라서 포퓰리즘이 등장하면 복잡하고 기술적인 정책 발의는 합법성을 잃기 쉽다.

포퓰리즘은 정치 토론에서 사용되는 용어의 의미를 환기시켜주기도 한다. 포퓰리즘이 이러한 특성을 지니는 것은 이념으로서의 민주주의가 널리 확산되었기 때문이기도 하다. 포퓰리즘은 거의 예외 없이 국민의 이름으로(내 표현으로는 마음속 이상향의 거주자의 이름으로) 정치적 주장을 제기한다. 이런 점에서, 이러한 유형의 정치적 주장과 정치가 국민주권을 구현할 때 정당성을 얻을 수 있다는 민주주의의 필수조건 사이에는 합치되는 면이 존재한다. 포퓰리즘이 강조하는 '국민'이 기껏해야 모호한 개념에 불과하다고 하더라도 국민주권 원칙은 포퓰리즘의 주장에 정당성을 부여하는 효과를 낳는다.

정치 토론에 포퓰리즘이 미치는 세 번째 효과는 포퓰리즘이 정치 이슈를 찬성 또는 반대라는 두 가지 입장으로 몰아가는 이분법을 추구하면서 발생한다. 포퓰리즘에는 정치적 이분법을 추구하는 성향이 잠재되어 있다. 이분법의 정치는 부분적으로는 정치적 의사를 직접 표출할 수 있는 단순함의 정치를 구축하려는 시도이기도 하지만, 다른 한편으로는 포퓰리즘에 잠재되어 있는 모종의 징후이기도 하다. 포퓰리즘의 이분법은 사회 전체를 엘리트와 국민으로 양분해 바라보는 데서도 나타난다. 엘리트와 국민은 각각 상대적으로 단일한 존재라고 간주된다. 포퓰리즘은 엘리트 내부에 분열이 존재한다는 것을 인정하지 않으려 하는데, 그 이유는 엘리트 내부의 차이를 인정하면 엘리트들의 목적과 이익은 근본적으로 단일하다는 포퓰리즘의 주장이 약화되기 때문이다. 마찬가지로 포퓰리즘은 '국민' 내부의 차이와 분열을 인정하지 않으려 한다. 엘리트와 국민이라는 두 용어 간의 거리는 엄청나게 강조되지만, 각 집단 내부의 세밀한 차이는 무시되는 것이다.

이분법적 용어로 정치세계를 이해하는 포퓰리즘은 집단의 이해관계는 물론 이슈에도 이분법을 그대로 적용한다. 정치세계가 두 개의 적대적인 집단으로 나뉘어 있듯, 포퓰리즘에서도 적대적인 방식으로 정치 이슈를 파악한다. 정치는 동작과 동작의 주체로 구성되어 있기 때문이다. 포퓰리즘은 정치를 선과 악, 옳고 그름의 문제로 단순화시킨다. 이러한 포퓰리즘의 이분법적 논리는 왜 포퓰리즘 운동이 세속적 정치를 거부하고 도덕적 근본주의와 준종교적인 정치로 쉽게 변하는지 잘 설명해준다.

민주주의 정치에 대한 포퓰리즘의 주장은 사회와 정치적 의사결정의 복잡성에 기인한다. 포퓰리즘은 특정한 방식의 대의민주주의에서 드러나는 징후다. 국민이 아닌 국민의 대표자가 결정을 내리는 것은 국민이 자기 스스로 결정을 내리지 말아야 한다는 부정적인 이유에서가 아니다(민주주의자라면 모두 국민이 스스로 결정을 내리는 것이 이상적이라는 데 동의할 것이다). 이러한 정치적 결정을 내리는 데 헌신해야만 하는 소수의 사람이 필수적이기 때문이다. 대표자가 필요하다는 것은 국민이 내려야 할 정치적 결정을 국민에 의해 선출된 대표자가 대신 내리는 것이 대의정치의 요건임을 의미한다. '국민'이 된다는 것은 우리가 사회를 유지하는 행동(그것이 가정이든 직장이든)에 참여해야만 하고, 따라서 우리는 정치에만 몰입할 수 없다는 것을 뜻한다.

대의정치에서는 다양한 정치적 입장이 표출된다. 실제 대의정치 과정에서는 다양한 정치적 입장이 존재하며, 이러한 정치적 입장의 장단점에 대한 치열한 논쟁을 거쳐 공공 정책을 수립하는 메커니즘이 작동한다. 포퓰리즘은 대의제도 내부에서의 토론보다 대의제도 자체에 대한 반감에 뿌리를 둔다는 점에서 다른 정치 이념과는 위상이 상당히 다르다. 포퓰리즘은 대의정치의 진행 과정과 실천에 매우 깊게 뿌리내리고 있지만, 간헐적으로만 체계적인 형태로 드러난다.

제도에 대한 좌절감을 발생시키는 대의정치 시스템은 이러한 좌절감을 표출하고 이 좌절감을 지지로 연결시키는 체계적인 수단을 제공한다. 이 점에서 포퓰리즘은 역설에 빠진다. 포퓰리즘은 비민주주의 체제에서도 발생할 수 있을지 모른다. 그러나 널리 형성된 포퓰리즘적 감정이 정치운동이나 정당으로 구조화된 이후라야 포퓰리즘 정치가 실현 가능하다. 그러나 포퓰리즘에 내포된 저항적 요소는 대의정치 시스템이 기반으로 삼고 있는 바로 그 감정에서 비롯된 것이다.

가장 '극단적'인 형태의 포퓰리즘은 권위주의로 빠져 민주주의로부터 일탈할 위험성이 있다. 우리는 페론주의가 실천되는 방식이나 몇몇 신포퓰리즘 정당의 구조에서 이런 사례를 발견할 수 있다. 따라서 포퓰리즘은 대의정치가 얼마나 관용적일 수 있는지를 알려주는 시험지다. 이 책에서 다룬 모든 포퓰리즘 사례는 포퓰리즘이 국민(국민의 정의가 무엇이든)을 대변하며 선거에 참여해 정당을 만드는 방식으로 정치적 정당성을 구축하는 방식(러시아의 나로드니키는 제외)을 잘 보여주는데, 이는 포퓰리즘이 자신의 정당성을 대의정치를 통해 구현하려 한다는 것을 보여준다. 즉, 역설적이게도 포퓰리즘은 대의정치가 얼마나 관용도가 높은 정치체제인지를 증명한다.

POPULISM

11

결론

포퓰리즘을 제대로 이해하는 것은 중요하다. 그 이유는 우선 포퓰리즘이라는 용어가 널리 사용되지만 무신경하게 사용되고 있고, 이로 인해 포퓰리즘에 보편적인 의미를 부여하거나 포퓰리즘이 어떤 보편적인 의미를 갖는다고 생각하기 때문이다. 그러나 포퓰리즘이 중요한 이유는 개념적 정확성과 학문적 토론을 추구하는 학문적 꼼꼼함에만 국한되지 않는다. 포퓰리즘이라는 용어가 널리 사용되는 이유는 포퓰리즘이 현대 정치에서 보편적으로 나타나는 현상이기 때문이다. 물론 포퓰리즘이 중대한 정치적 운동이나 정당으로 나타나는 경우는 드물다. 그러나 포퓰리즘은 대의정치체제에서 잠재적인 위력을 행사하고 있다. 포퓰리즘이 언제든 살아날 수 있다는 사실에서 우리는 현재 대의정치에 대한 생생한 통찰력을 얻을 수 있다.

우리는 포퓰리즘을 이해해야만 한다. 포퓰리즘을 이해해야 포퓰리즘과 결부된 정치적 이데올로기를 제대로 이해할 수 있기 때문이다. 포퓰리즘의 허망함은 정치적 이데올로기가 내포한 가치를 통해서만 충족될 수 있다. 또한 정치적 이데올로기를 이해하기 위해서는 이데올로기의 구성요소인 포퓰리즘을 이해하는 것이 필수적이다.

이 책에서는 포퓰리즘을 선한 것 또는 악한 것으로 보지 않으려 최선을 다했다. 포퓰리스트 정치인의 주장을 비현실적이라거나 긍정적이지만 위험하다고 매도하는 것은 쉬운 일이다. 그러나 이러한 매도가 포퓰리즘 운동을 무시해도 된다는 것을 뜻하지는 않는다. 포퓰리즘은 대의정치체제가 얼마나 건강한지를 보여주는 척도다. 정치에 대해 그리 적극적이지 않은 포퓰리즘 지지자가 포퓰리즘 운동이나 포퓰리즘 정당에 동원된다는 것은, 대의정치가 제대로 작동하는지, 그리고 사회가 제대로 작동하고 있는지를 의심해볼 수 있는 강력한 근거다. 이 말은 우리가 포퓰리스트 정치인의 제안을 받아들여야 한다는 의미가 결코 아니다. 다만 포퓰리즘의 등장에 주목해야 한다는 의미다. 포퓰리즘에 대한 지금까지의 사회과학 연구들은 파편화되어 있고 그 개념화 역시 충분히 진행되지 못한 상황이기 때문에 포퓰리즘의 진정한 의미를 이해하는 데 도움을 주지 못한다.

자유주의 사상의 힘은 대의정치와 대의정치제도가 주류를 형성하고 있다는 데서 잘 드러난다. 여러 사상의 조합인 자유주의 이데올로기는 국가로부터 시민을 보호하고 국민들의 동의를 기반으로 국가의 정당성을 확보한다. 자유주의의 핵심적 가치에 주목해서 보면 포퓰리즘은 넓은 의미에서 자유주의에 대한 반작용임이 명확하다. 자유주의는 개인을 중심으로 구축된 세계관이다. 포퓰리즘은 유기적인 전체로서의 국민과 집단성을 강조한다. 게다가 자유주의는 개인의 자유에 대한 국가의 부당한 간섭으로부터 개인을 보호하기 위한 수단으로 개인에게 권리를 부여해야 한다고 주장한다. 그러나 본래 권리란 사회적으로 힘이 없는 소수파에게 필요한 것이기 때문에 전체와 다수를 강조하는 포퓰리즘에서는 권리를 탐탁잖게 여긴다. 포퓰리즘 추종자는 다수파가 궁지에 몰려 있으며 국가가 소수파의 권리를 심각할 만큼 부정의한 방식으로 지켜주고 있다고 보기 때문에 자유주의적 의미의 권리에 대해 매우 부정적이다. 자유주의는 본질적으로 경제적 규제 기구로서의 국가보다 시장을 선호한다. 하지만 포퓰리즘은 경제에 대한 국가의 개입이 가능한 체제, 더 나아가 권위적이고 잠재적으로 과도하게 국가가 개입할 수 있는 체제를 선호하는 성향을 거리낌 없이 내보인다.

포퓰리즘은 자유주의에 반발하면서 간헐적이지만 반복적으로 발생하는 현상 중 하나다. 정치를 좌파 – 우파의 연속선 위에서 등장하는 여러 사상의 총합으로 파악하고 이 관점을 단순히 특정 시점에 국한시켜 반복적으로 적용하려는 단순 사고에서 벗어나기 위해서는 자유주의에 반발해 나타나는 포퓰리즘 현상에 주목해야 한다. 민족주의와 종교적 근본주의는 자유주의와 자유주의 정치에 대한 근본적이고 항구적인 도전이다. 그러나 포퓰리즘이 꿈꾸는 정치적 주체는 민족주의나 종교적 근본주의의 정치적 주체와 완전히 다르다. 민족주의의 경우 특정한 민족 또는 종족 집단을 통해 정치적 주체를 구성해내고, 종교적 근본주의의 경우 신앙에 대한 강렬한 동일시를 통해 정치적 주체를 구성해낸다. 포퓰리즘의 경우 대의정치에 대한 반발을 통해 정치적 주체를 구성해낸다. 이 과정에서 '국민'이 등장하며, 포퓰리즘에서 언급되는 국민은 대의정치에서 애용하는 수사에 부합하는 개념이 된다.

자유주의 정치는 대의정치적 실천·절차·구조를 통해 구체화된다.

포퓰리즘은 대의정치를 기반으로 대의정치와 교섭하면서 성장한다. 역설적이게도 포퓰리즘은 대의정치에 대한 불만을 기반으로 등장하지만, 오직 대의정치체제에서만 체계적인 정치적 운동의 형태를 띤다.

전 세계를 휩쓸었던 자유주의적 사상이 저물어가면서 현대 정치는 급변하고 있다. 현대 정치는 더 이상 국민국가를 기반으로 하지 않는 정치적 제도들을 구성하고 있다. EU와 같은 정치체는 유사국가적 특징 state-like qualities을 보유하고 있지만, 국민국가 또는 국제기구를 대체할 권위를 보유하지는 못하고 있다. EU와 같은 정치기구가 확산되는 것이 국민국가 내부에서 작동하는 대의정치의 폐지나 무력화를 의미하지는 않는다. 도리어 대의정치의 범위와 복잡성이 증가한다는 것을 의미한다. 이로 인해 새로운 형태의 대의정치에 대한 반발이라는 의미에서 포퓰리즘이 활개를 칠 가능성이 증가하고 있다.

대의정치를 연결하는 메커니즘으로서의 정당 형태와 구조 역시 변하고 있다. 만약 정당을 일단의 활동가를 매개로 대표자로서의 지도자와 피대표자로서의 유권자를 연결하는 정치적 연계 조직이라고 정의한다면, 대표자와 피대표자 사이의 권력의 균형이 바뀌고 있다. 기존 정당은 활동가들의 질적·양적 저하로 인해 점점 힘을 잃어가고 있다. 매스미디어와 재력을 이용해 특정 개인이 상대적으로 쉽게 그리고 놀라울 정도의 속도와 성과를 발휘하면서 정당을 창출해내는 것이 가능해졌다. 페로나 베를루스코니 같은 현대의 포퓰리스트 정치인은 이와 같은 변화의 가능성을 최대한 활용하고 있다.

1장의 내용을 떠올린다면, 포퓰리즘이 변화된 현대 정치의 맥락으로 확장되고 있다는 사실을 명확하게 알 수 있을 것이다. 대의정치를 적대시하는 포퓰리즘적 감정은 국가 수준에서 보편적으로 정착된 대의민주주의 제도 및 초국가적 수준에서 정치체를 도입하려는 시도에 대한 분노를 이끌어내는 잠재적 원인이다. 세계화가 진전되고 '전 지구적 공동체'가 건설되어 국민국가 수준에서의 정체성이 더욱 혼돈스러워짐에 따라 마음속 이상향을 떠올림으로써 안식을 구하려는 사람들의 열망이 점차 증가할 것이다. 새로 등장한 전 지구적 공동체로부터 배제되었다고 느끼는 사람들로 인해 위기감은 더 심해질 것이다. 세계화의 힘(그것이 실제이든 상상이든)에 맞서 민족의 정체성 또는 종족의 정체성에서 위안을 느끼려는 사회집단이 등장하는 현상은 이미 현실로 나타나고 있다. 정치가 확장됨에 따라 정체성에 대한 애착은 더욱 강해질 것이다. 정치가 확장되면서 사람들은 이데올로기의 차이를 점점 더 못 느끼게 될 것이며, 포퓰리즘은 자신과 공존할 수 있는 다양한 이데올로기와 연결될 것이다. 대의정치와 관련된 다양한 문제점은 포퓰리즘이라는 모습으로 드러난다. 그러나 포퓰리즘의 카멜레온적 특성으로 인해 포퓰리즘은 자신이 탄생한 맥락을 강하게 반영하면서 제각기 상이한 형태로 표출될 것이다.

포퓰리즘을 올바로 이해한다는 것은 포퓰리즘의 자기 제한적 속성을 파악하고 이해한다는 것을 뜻한다. 포퓰리즘 운동을 지지하는 사람이라면 포퓰리즘의 제도적 딜레마를 어떻게 극복할지 생각해봐야 할 것이다. 포퓰리즘 운동을 비판하는 사람이라면 오래된 그러나 본질적인 딜레마로부터 새로운 방식의 정치를 이끌어내는 것이 어렵다는 사실에 위안을 얻을지도 모르겠다. 포퓰리즘에 대해 찬성하든 아니면 반대하든, 전 세계로 확산된 대의정치를 이해하기 위해서는 포퓰리즘을 이해해야만 한다.

참고문헌

Allcock, J. B. 1971. "'Populism': A brief biography." *Sociology*, 5: 371~387.

Andersen, J. G. 1992. "Denmark: The Progress Party—populist neo-liberalism and welfare state chauvinism." in P. Hainsworth(ed.). *The Extreme Right in Europe and the USA*. London: Pinter.

Anderson, K., R. A. Berman, T. Luke, P. Piccone and M. Taves(1991). "The Empire Strikes Out: a roundtable on populist politics." *Telos*, 87: 3~70.

Arblaster, A. 1994. *Democracy*, 2nd edn. Buckingham: Open University Press.

Bell, D.(ed.) 1963. T*he Radical Right*. New York: Anchor.

Berlin, I. 1978. *Russian Thinkers*. London: Hogarth Press.

Berlin, I. et al. 1968. "To define populism." *Government and Opposition*, 3: 137~179.

Betz, H.-G. 1994. *Radical Right-Wing Populism in Western Europe*. New York: St Martin's Press.

______. 1998. "Introduction." in H.-G. Betz and S. Immerfall(eds.). *The New Politics of the Right: Neo-Populist Parties and Movements in Established Democracies*. Basingstoke: Macmillan.

Budge, I. 1996. *The New Challenge of Direct Democracy*. Cambridge: Polity.

Burnham, W. D. 1970. *Critical Elections and the Mainsprings of American Politics*. New York: W. W. Norton.

Canovan, M. 1981. *Populism*. London: Junction.

______. 1982. "Two strategies for the study of populism." *Political Studies*, 30: 544~552.

______. 1984. "'People', politicians and populism." *Government and Opposition*, 19: 312~327.

______. 1999. "Trust the people! Populism and the two faces of democracy." *Political studies*, 47: 2~16.

Carter, D. T. 1995. *The Politics of Rage: George Wallace, the Origins of the New Conservatism, and the Transformation of American Politics*. New York:

Simon & Schuster.

Cheles, L., R. Ferguson and M. Vaughan(eds.). 1995. *The Far Right in Western and Eastern Europe.* 2nd edn. Harlow: Longman.

Conniff, M. L. 1999. "Brazil's populist republic and beyond." in M. L. Conniff (ed.). *Populism in Latin America.* Tuscaloosa: University of Alabama Press.

Conway, J. F. 1978. "Populism in the United States, Russia, and Canada: Explaining the roots of Canada's third parties." *Canadian Journal of Political Science*, 11: 99~124

Crassweller, R. D. 1987. *Perön and the Enigmas of Argentina.* New York: W. W. Norton.

Di Tella, T. S. 1965. "Populism and reform in Latin America." in C. Veliz(ed.). *Obstacles to Change in Latin America.* Oxford: Oxford University Press.

______. 1997. "Populism in the twenty-first century." *Government and Opposition*, 32: 187~200.

Dulles, J. F. W. 1967. *Vargas of Brazil: A Political·Biography.* Austin: University of Texas Press.

Eatwell, R. 1982. "Poujadism and neo-Poujadism: from revolt to reconciliation." in P. Cerny(ed.). *Social Movements and Protest in France.* London: Frances Pinter.

Gallie, W. B. 1962. "Essentially contested concepts." in M. Black(ed.). *The Importance of Language.* Englewood Cliffs, NJ: Prentice Hall.

Gentile, P. and H. Kriesi(1998). "Contemporary radical-right parties in Switzerland: history of a divided family." in H.-G. Betz and S. Immerfall(eds.). *The New Politics of the Right; Neo-Populist Parties and Movements in Established Democracies.* Basingstoke: Macmillan.

Germani, G. 1978. *Authoritarianism, Fascism, and National Populism.* New Brunswick, NJ: Transaction.

Gold, H. J. 1995. "Third party voting in presidential elections: a study of Perot, Anderson and Wallace." *Political Research Quarterly*, 48: 751~774.

Goodwyn, L. 1976. *Democratic Promise: the Populist Moment in America.* New York: Oxford University Press.

Grant, S. A. 1976. *Obshchina and mir, Slavic Review*, 35: 636~651.

Hair, W. I. 1991. *The Kingfish and his Realm: The Life and Times of Huey P. Long.* Baton Rouge: Louisiana State University Press.

Hainsworth, P.(ed.) 1992. *The Extreme Right in Europe and the USA.* London: Pinter.

Harris, G. 1990. *The Dark Side of Europe.* Edinburgh: Edinburgh University Press.

Hayward, J. 1996. "The populist challenge to elitist democracy in Europe." in J. Hayward(ed.). *Elitism, Populism, and European Politics.* Oxford: Clarendon.

Hicks, J. D. 1961. *The Populist Revolt: A History of the Farmers' Alliance and the People's Party.* Lincoln: University of Nebraska Press.

Hine, D. 1996. "Political parties and the public accountability of leaders." in J. Hayward(ed.). *Elitism, populism, and European politics.* Oxford: Clarendon.

Hoffman, S. 1956. *Le Mouvement Poujade.* Paris: Librarie Armand Colin.

Hofstadter, R. 1955. *The Age of Reform.* New York: Alfred A. Knopf.

Husbands, C. T. 1992. "Belgium: Flemish legions on the march." in P. Hainsworth(ed.). *The Extreme Right in Europe and the USA.* London: Pinter.

Ignazi, P. 1992. "The silent counter-revolution: hypotheses on the emergence of extreme right-wing parties in Europe." *European Journal of Political Research*, 22: 3~34.

______. 1996. "The transformation of the MSI into the AN." *West European Politics*, 19: 693~714.

Immerfall, S. 1998. "The neo-populist agenda." in H.-G. Betz and S. Immerfall(eds.). *The New Politics of the Right: Neo-populist Parties and Movements in Established Democracies.* Basingstoke; Macmillan.

Ionescu, G. and Gellner, E.(eds.) 1969a. *Populism: Its Meanings and National Characteristics.* London: Weidenfeld and Nicholson.

______. 1969b. "Introduction." in G. Ionescu and E. Gellner(eds.). *Populism: Its Meanings and National Characteristics.* London: Weidenfeld and Nicholson.

Irving, J. A. 1959. *The Social Credit Movement in Alberta.* Toronto: University of

Toronto-Press.

Johnson, C. 1998. "Pauline Hanson and One Nation." in H.-G. Betz and S. Immerfall(eds.). *The New Politics of the Right: Neo-Populist Parties and Movements in Established Democracies.* Basingstoke: Macmillan.

Kazin, M. 1995. *The Populist Persuasion: An American History.* New York: Basic Books.

Kitching, G. 1989. *Development and Underdevelopment in Historical Perspective: Populism, Nationalism and Industrialization*, rev. edn. London: Routledge.

Kitschelt, H.(in collaboration with A. J. McGann). 1995. *The Radical Right in Western Europe: A Comparative Analysis.* Ann Arbor: University of Michigan Press.

Kornhauser, W. 1959. *The Politics of Mass Society.* London: Routledge & Kegan Paul.

Kumar, K. 1991. *Utopianism.* Buckingham: Open University Press.

Laclau, E. 1977. *Politics and Ideology in Marxist Theory.* London: Verso.

Lasch, C. 1991. *The True and Only Heaven: Progress and Its Critics.* New York: W. W. Norton.

Laycock, D. 1994. "Reforming Canadian democracy? Institutions and ideology in the Reform Party project." *Canadian Journal of Political Science*, 27: 213~247.

LeDuc, L. 1994. "The Canadian federal election of 1993." *Electoral Studies*, 13: 163~168.

Lesher, S. 1994. *George Wallace: American Populist.* Reading, MA: Addison-Wesley.

Levine, R. M. 1970. *The Vargas Regime: the Critical Years, 1934~1938.* New York: Columbia University Press.

Levitas, R. 1990. *The Concept of Utopia*, New York: Philip Allan.

Lipset, S. M. 1963. *Political Man: The Social Bases of Support.* New York: Anchor.

Lipset, S. M. and E. Raab. 1971. *The Politics of Unreason: Right-Wing Extremism in America, 1790~1970.* London: Heinemann.

Long, H. 1933. *Every Man a King: The Autobiography of Huey P. Long.* New

Orleans: National Book Co.
Luther, K. R. 1992. "Consociationalism, parties and the party system." *West European Politics*, 15: 45~98.
McCann, J. A., R. B. Rapoport and W. J. Stone. 1999. "Heeding the call: An assessment of mobilization into H. Ross Perot's 1992 presidential campaign." *American Journal of Political Science*, 43: 1~28.
McCarthy, P. 1996. "Forza Italia: the overwhelming success and the consequent problems of a virtual party." in R. S. Katz and P. Ignazi(eds.). *Italian Politics: The Year of the Tycoon*. Boulder, CO: Westview.
McGuigan J. 1992. *Cultural populism*. London: Routledge.
Macpherson, C. B. 1962. *Democracy in Alberta: Social Credit and the Party System*. 2nd edn. Toronto: University of Toronto Press.
Magleby, D. B. 1994. "Direct legislation in the American States." in D. Butler and A. Ranney(eds.). *Referendums Around the World: The Growing Use of Direct Democracy*. Basingstoke: Macmillan.
Malloy, J. M. 1977. "Authoritarianism and corporatism in Latin America: The modal pattern." in J. M. Malloy(ed.). *Authoritarianism and corporatism in Latin America*. Pittsburgh: University of Pittsburgh Press.
Mény, Y. 1998. *The People, the Elites and the Populist Challenge*. Jean Monnet Chair Papers. Florence: European University Institute.
Merkl, P. H. and Weinberg, L.(eds.) 1993. *Encounters with the Contemporary Radical Right*. Boulder, CO: Westview.
Mills, C. W. 1956. *The Power Elite*. Oxford: Oxford University Press.
Miliband, R. 1969. *The State in Capitalist Society*. London: Weidenfeld & Nicolson.
Mouzelis, N. 1985. "On the concept of populism: populist and clientelist modes of incorporation in semi-peripheral polities." *Politics & Society*, 14: 329~348.
Newell, J. L. and Bull, M. 1997. "Party organisations and alliances in Italy in the 1990s: a revolution of sorts." *West European Politics*, 20: 81~109.
Nugent, W. T. K. 1963. *The Tolerant Populists: Kansas Populism and Nativism*. Chicago: University of Chicago Press.
Page, J. A. 1983. *Perön, a biography*. New York: Random House.

People's Party. 1978. "The Omaha Platform, July 1892." in G. B. Tindall(ed.). *A Populist Reader: Selections from the Works of American Populist Leaders.* Glouster, MA: Peter Smith.

Peters, B. G. 1991. *The Politics of Taxation: A Comparative Perspective.* Oxford: Blackwell.

Piccone, P. 1991. "The crisis of liberalism and the emergence of federal populism." *Telos*, 89: 7~44.

______. 1995. "Postmodern populism." *Telos*, 103: 45~86.

Pipes, R. 1964. "Narodnichestvo: a semantic inquiry." *Slavic review*, 23: 441~458.

______. 1995. *Russia under the Old Regime*, 2nd edn. London: Penguin.

Richards, J. 1981. "Populism: a qualified defence." *Studies in Political Economy*, 5: 5~27.

Riedlsperger, M. 1998. "The Freedom Party of Austria: from protest to radical right populism." in H. Betz and S. Immerfall(eds.). *The New Politics of the Right: Neo-Populist Parties and Movements in Established Democracies.* Basingstoke: Macmillan.

Ritter, G. 1997. *Goldbugs and Greenbacks: The Antimonopoly Tradition and the Politics of Finance in America, 1865~1896.* Cambridge: Cambridge University Press.

Rock, D. 1986. *Argentina 1516-1982: From Spanish Colonialism to the Falklands War.* London: Tauris.

Rogin, M. P. 1967. *The Intellectuals and McCarthy: The Radical Specter.* Cambridge, MA: MIT Press.

Sears, D. O. and J. Citrin. 1982. *Tax Revolt: Something for Nothing in California.* Cambridge, MA: Harvard University Press.

Seisselberg, J. 1996. "Forza Italia: a 'media-mediated personality-party'." *West European Politics*, 19: 715~743.

Seton-Watson, H. 1967. *The Russian Empire 1801~1917.* Oxford: Clarendon Press.

Shils, E. 1956. *The Torment of Secrecy: The Background and Consequences of American Security Policies.* Glencoe, IL: Free Press.

______. 1962. "The intellectuals in the political development of the new states."

in J. H. Kautsky(ed.). *Political Change in Underdeveloped Countries: Nationalism and Communism*. New York: Wiley.

Smith, W. S. 1983. "The return of Peronism." in F. C. Turner and J. E. Miguens (eds.). *Juan Perön and the Reshaping of Argentina*. Pittsburgh: University of Pittsburgh Press.

Svåsand, L. 1998. "Scandinavian right-wing radicalism." in H.-G Betz and S. Immerfall(eds.). *The New politics of the Right: Neo-populist Parties and Movements in Established Democracies*. Basingstoke: Macmillan.

Swyngedouw, M. 1998. "The extreme right in Belgium: Of a non-existent Front National and an Omnipresent Vlaams Blok." in H.-G Betz and S. Immerfall(eds.). *The New politics of the Right: Neo-populist Parties and Movements in Established Democracies*. Basingstoke: Macmillan.

Taggart, P. 1995. "New populist parties in Western Europe." *West European Politics*, 18: 34~51.

______. 1996. *The New Populism and the New Politics: New Protest Parties in Sweden in a Comparative Perspective*. Basingstoke: Macmillan.

Taguieff, P. A. 1995. "Political science confronts populism." *Telos*, 103: 9~43.

Telos. 1991. "Populism vs. the New Class: the second Elizabethtown *Telos* conference." *Telos*, 88: 2~155.

______. 1991~1992. "Special Section on the Leagues in Italy." *Telos*, 903~988.

______. 1995a. "Special Issue on Populism I." *Telos*, 103.

______. 1995b. "Special Issue on Populism II." *Telos*, 104.

Ulam, A. B. 1981. *Russia's Failed Revolutions: From the Decembrists to the Dissidents*. London: Weidenfeld and Nicolson.

______. 1998. *Prophets and Conspirators in Prerevolutionary Russia*. New Brunswick, NJ: Transaction.

Venturi, F. 1960. *Roots of revolution: A History of the Populist and Socialist Movements in Nineteenth-Century Russia*. London: Weidenfeld and Nicolson.

Walicki, A. 1969. *The Controversy over Capitalism: Studies in the Social Philosophy of the Russian Populists*. Oxford: Clarendon Press.

______. 1980. *A History of Russian Thought from the Enlightenment to Marxism*. Oxford: Clarendon.

Weber, M. 1968. *Economy and society*, Vol. 1, edited by G. Roth and C. Wittich. New York: Bedminster Press.

Westlind, D. 1996. *The Politics of Popular Identity: Understanding Recent Populist Movements in Sweden and the United States*. Lund: Lund University Press.

Wiles, P. 1969. "A syndrome, not a doctrine: some elementary theses on populism." in G. Ionescu and E. Gellner(eds.). *Populism: Its Meanings and National Characteristics*. London: Weidenfeld and Nicolson.

Willner, A. R. 1984. *The Spellbinders: Charismatic Political Leadership*. New Haven, CT: Yale University Press.

Winkler, J. R and S. Schumann. 1998. "Radical right-wing parties in contemporary Germany." in H.-G Betz and S. Immerfall(eds.). *The New politics of the Right: Neo-populist Parties and Movements in Established Democracies*. Basingstoke: Macmillan.

Worsley, P. 1969. "The concept of populism." in G. Ionescuand E. Gellner (eds.). *Populism: Its Meanings and National Characteristics*. London: Weidenfeld and Nicolson.

Wortman, R. 1967. *The Crisis of Russian Populism*. Cambridge: Cambridge University Press.

지은이

폴 태가트(Paul Taggart)

서식스대학교 정치학과 교수이며, 서식스유럽연구소(Sussex European Institute) 소장으로 재직 중이다. 포퓰리즘 연구에서 서식스 학파(Sussex School)를 대표하는 인물로, 서유럽에서 등장하는 신포퓰리즘 현상과 관련된 연구를 주도하고 있다.

옮긴이

백영민

연세대 신문방송학과를 졸업하고 서울대 언론정보학과 및 아이오와 그린저널리즘스쿨에서 석사학위를, 펜실베이니아 애넌버그스쿨에서 언론학으로 박사학위를 받았다. 지금은 연세대학교 언론홍보영상학부 교수로 재직 중이다. 저서로는 『R을 이용한 텍스트마이닝』 등이 있으며, 역서로는 『클라우드와 빅데이터의 정치경제학』, 『국민의 선택: 대통령 선거 캠페인 기간에 유권자는 지지 후보를 어떻게 결정하는가』, 『관심의 시장: 디지털 시대 수용자의 관심은 어떻게 형성되나』 등이 있다.

한울아카데미 2031

포퓰리즘
기원과 사례, 그리고 대의민주주의와의 관계

지은이 | 폴 태가트
옮긴이 | 백영민
펴낸이 | 김종수
펴낸곳 | 한울엠플러스(주)
편집 | 신순남

초판 1쇄 인쇄 | 2017년 9월 8일
초판 1쇄 발행 | 2017년 9월 20일

주소 | 10881 경기도 파주시 광인사길 153 한울시소빌딩 3층
전화 | 031-955-0655
팩스 | 031-955-0656
홈페이지 | www.hanulmplus.kr
등록번호 | 제406-2015-000143호

Printed in Korea.
ISBN 978-89-460-7031-8 93340(양장)
978-89-460-6375-4 93340(반양장)

※ 책값은 겉표지에 표시되어 있습니다.
※ 이 책은 강의를 위한 학생판 교재를 따로 준비했습니다.
강의 교재로 사용하실 때에는 본사로 연락해주십시오.

이 번역서는 2016년도 정부재원(교육부 인문사회연구역량강화사업비)으로 한국연구재단의 지원을 받아 연구되었습니다(NRF-2016S1A3A2925033).